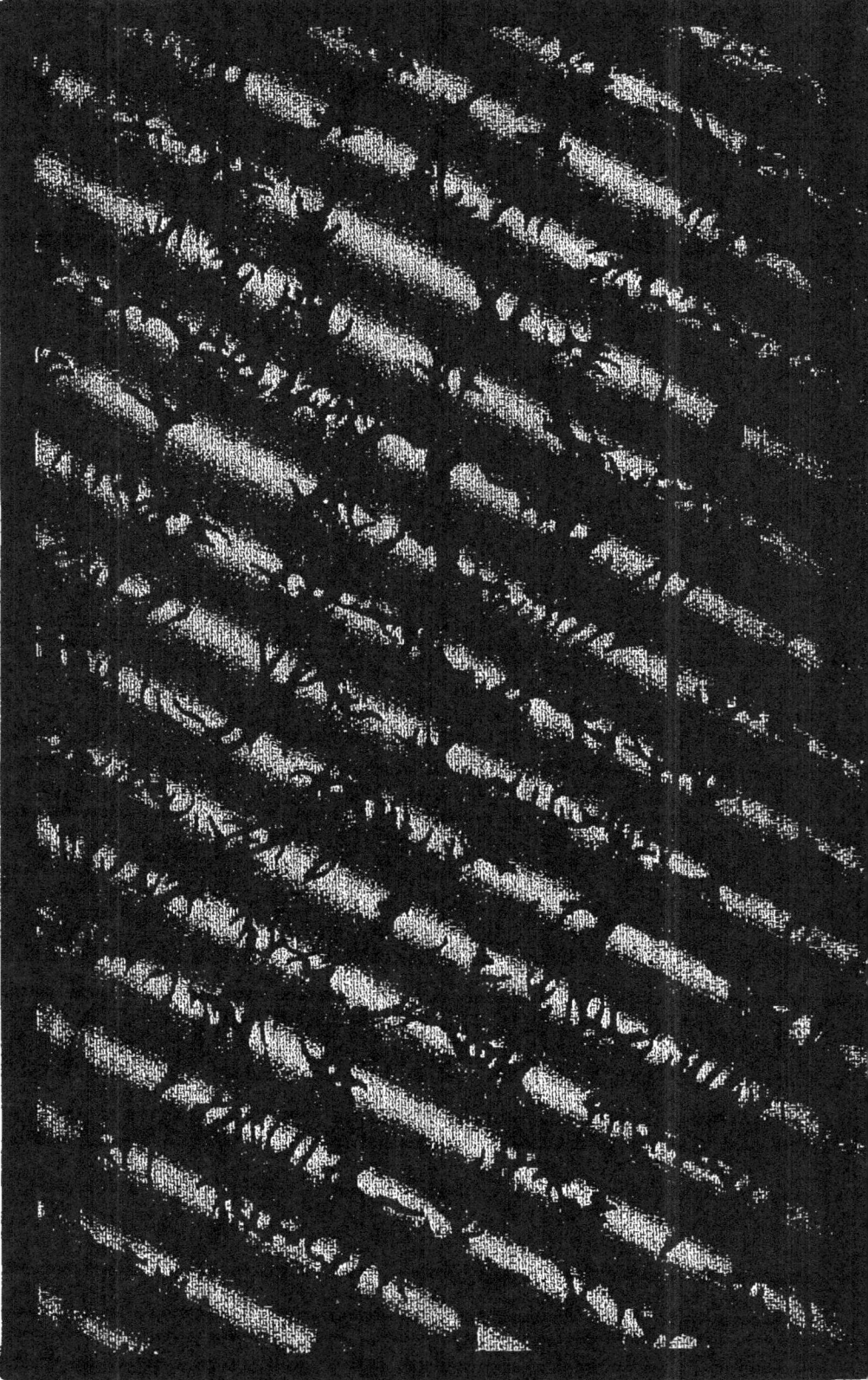

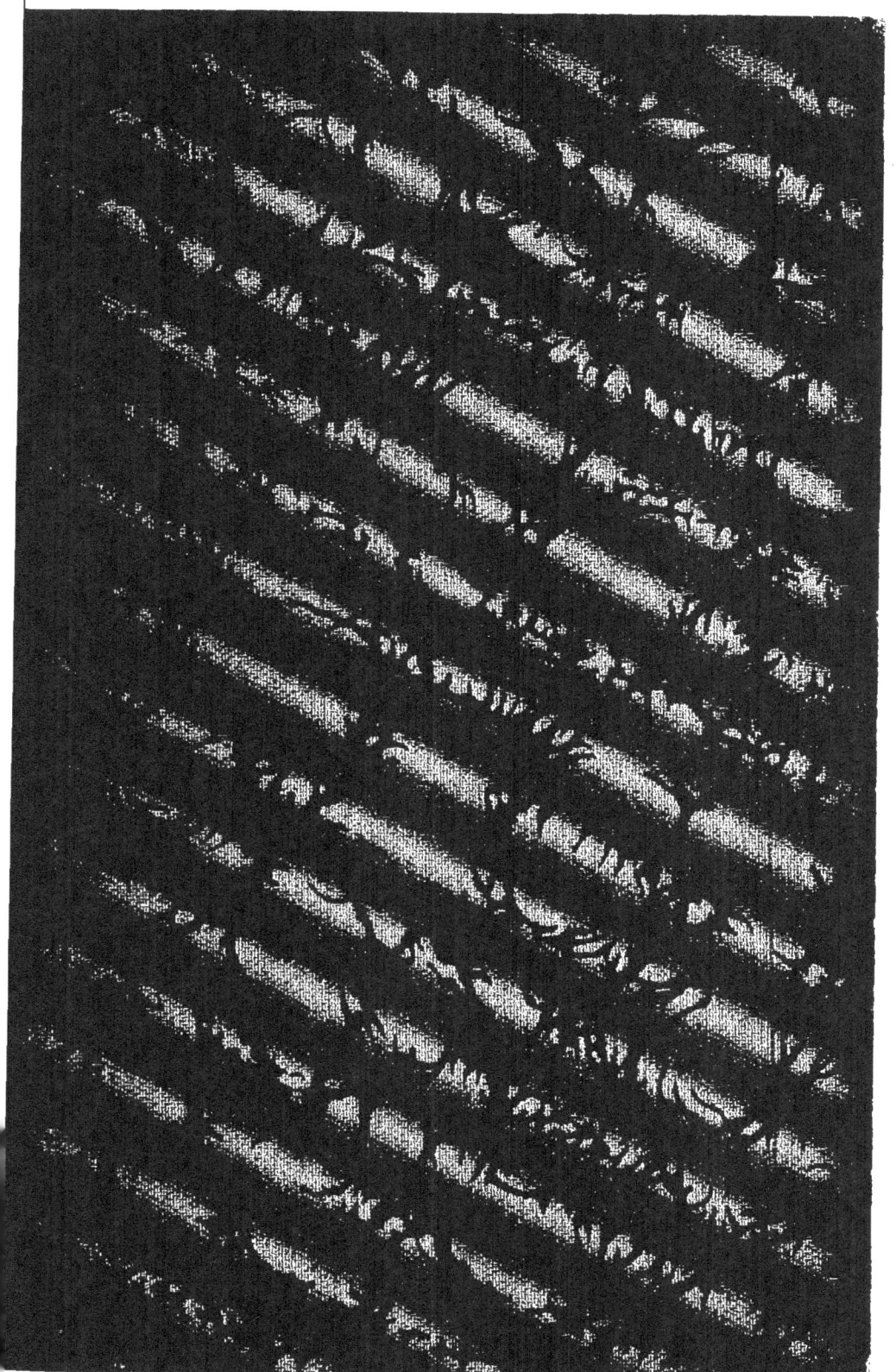

LA SERRURERIE

LA SERRURERIE

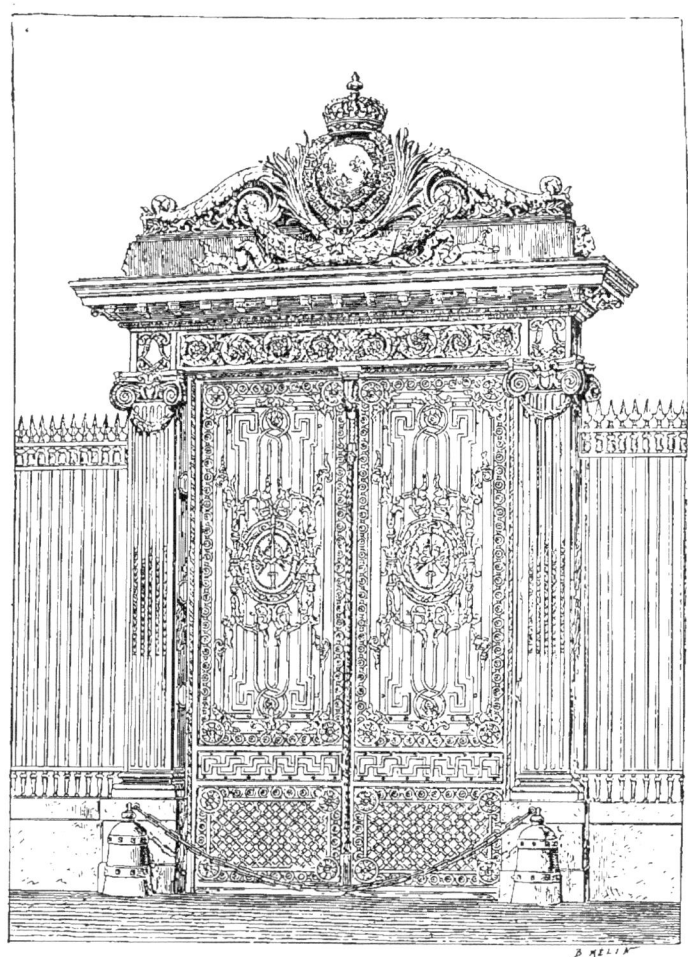

Fig. 1. — Grille du Palais de Justice de Paris, exécutée par Bigonnet.
(Fin du xviiie siècle.)

LES ARTS DE L'AMEUBLEMENT
Ouvrage publié sous le haut patronage de l'administration
des Beaux-Arts

LA
SERRURERIE

PAR

HENRY HAVARD

Inspecteur des Beaux-Arts
Membre du Conseil supérieur

CENT VINGT-CINQ ILLUSTRATIONS PAR B. MÉLIN

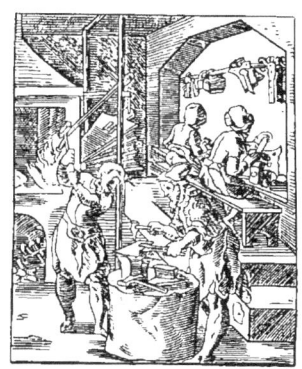

PARIS
LIBRAIRIE CHARLES DELAGRAVE
15, RUE SOUFFLOT, 15

Tous droits réservés.

Il a été imprimé 100 exemplaires de cet ouvrage sur japon des manufactures impériales, numérotés et signés.

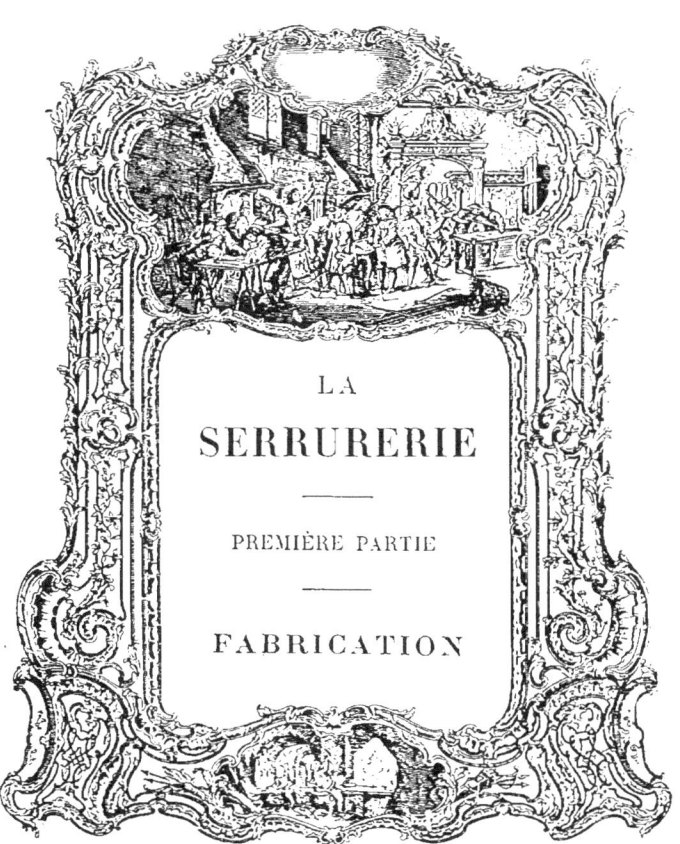

Fig. 3. — Encadrement en fer forgé composé par Lamour.

Fig. 4. — Amortissement de grille composé par Fordrin.

I

DÉFINITION DE LA SERRURERIE. — BUT ET PRODUCTIONS DE CET ART.

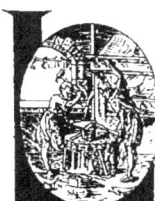Le substantif SERRURERIE dérive, en passant par SERRURE, du verbe SERRER, qui dans l'ancien langage signifiait FERMER. Malherbe remarque qu'en « Provence et autres tels lieux, on dit serrer les yeux, serrer la porte, la fenêtre, pour CLORE ». La *Chronique de Saint-Denis,* Olivier de Serres et Mathurin Cordier, en employant notre verbe dans le même sens, attestent que du xve au xviie siècle, cette acception était généralement admise dans le Languedoc, la Normandie et l'Ile-de-France. Cette constatation a pour nous une certaine importance. Elle explique, en effet, comment, à toutes les époques, les serruriers ont été occupés bien plus à fabriquer toutes sortes de grands ouvrages en fer, tels que grilles, grillages, portes, rampes d'escalier, balcons de croisées, balustrades, garde-fous, etc., qui servent à SER-

RER, c'est-à-dire à enclore, à fermer un espace, à mettre un bâtiment ou une pièce à l'abri des profanes ou des gens malintentionnés, qu'à confectionner ce qu'on appelle proprement des serrures.

Indépendamment de tous ces grands ouvrages où l'art ne tarda pas à jouer un rôle considérable, les serruriers ont vu de tout temps leur concours réclamé par les constructeurs, qui leur ont demandé des chaînes, des ancres, des harpons, des embrasures, destinés à servir de soutien à la maçonnerie; des équerres, des liens, des brides, chargés d'affermir les travaux de charpenterie. Puis, après avoir assuré la solidité de l'habitation, ils furent amenés, par la nature même de leur travail, à peupler celle-ci de meubles nombreux et d'ustensiles variés. C'est à eux qu'on demanda les sièges et les lits en fer, les chenets, les pelles, les pincettes, les coffrets, les cadres de glace, les lanternes de vestibule, les lampadaires, les chandeliers, les pieds de table, les supports de toutes sortes. Faut-il ajouter que jadis leur intervention dans le mobilier était encore plus étendue que de nos jours? Non seulement ils avaient à pourvoir les cheminées de ces monumentales crémaillères, orgueil de nos ancêtres, — qu'on n'a pas cessé de pendre, bien qu'elles aient cessé d'exister, — de ces landiers majestueux qui revêtaient parfois des formes grandioses, de grils énormes et de vastes trépieds; mais ils étaient chargés de la confection d'une foule d'instruments de précision. Les balances, les romaines, les tournebroches et jusqu'aux horloges à poids rentraient dans leur compétence. Enfin nous avons constaté dans celui de nos volumes qui est consacré à la MENUISERIE[1] que, pendant une longue suite de siècles, et jusqu'à la grande transformation que l'art ogival amena dans la confection des coffres et des armoires, les huchiers avaient eu recours aux artisans du fer

---

1. Voir la *Menuiserie*, p. 109.

pour assurer la solidité de leurs ouvrages à l'aide de ferrures savamment ouvragées.

Aujourd'hui encore, la plupart de ces meubles ne pourraient être utilisés si le serrurier n'y mettait la dernière main. Les portes et les croisées, les battants des armoires, les couvercles des coffres, exigent, pour pouvoir s'ouvrir et se fermer, des gonds, des pentures, des couplets, des charnières et des fiches. Pour les tenir clos on les garnit de verrous, de targettes, de moraillons, d'espagnolettes, de crémones, de loquets ou de loquetons. Enfin, dans le but d'assurer la fermeture, non seulement de ces meubles, mais aussi de l'habitation, et pour que le propriétaire puisse seul ouvrir sa maison, ses chambres, ses coffres, ses armoires, on a imaginé, dès la plus haute antiquité, une infinité d'espèces particulières de serrures et de cadenas. On voit qu'il est peu de professions dont le domaine soit aussi étendu et qui rende plus de services.

Le nombre et la qualité de ces services s'expliquent par la nature même de la matière que le serrurier met en œuvre. Le fer en effet, à sa propriété d'être, sous le moindre volume, le plus résistant des métaux, ajoute l'avantage d'être extrêmement abondant et d'un prix peu élevé. Aussi du jour où l'humanité en eut fait la conquête, a-t-il été constamment recherché pour tous les emplois qui exigent sous un mince développement une grande force de résistance. Ajoutons que cette recherche persistante conduisit rapidement ceux qui le travaillaient à une étonnante perfection dans la main-d'œuvre, perfection d'autant plus remarquable qu'il n'est pas de métal dont la façon caractérise mieux le triomphe de l'homme sur la matière.

L'ouvrier aux prises avec le fer n'a pas seulement besoin d'une expérience consommée, d'un coup d'œil juste, d'une main ferme et sûre. Il lui faut encore la force qui dompte la substance rebelle, et cette confiance en soi-même qui bannit le trouble et l'hésitation. La moindre erreur dans l'application de ces coups formidables qui font retentir l'enclume, au lieu d'augmenter la qualité du métal, peut le *corrompre* et le cribler de gerçures. De là vient cette émotion en quelque sorte respectueuse que l'on éprouve même dans une maréchalerie de village, au bruit retentissant des marteaux dont les chocs cadencés pétrissent les barres rougies, en faisant jaillir à chaque coup une gerbe d'étincelles. De là vient également la considération toute particulière qu'inspirent ces modestes cyclopes aux bras d'Hercule, vainqueurs pacifiques et toujours calmes dans cette lutte violente contre la matière; si bien qu'il suffit, pour ne les oublier jamais, d'avoir une seule fois contemplé leurs silhouettes noires de charbon, se dessinant sur les rutilances embrasées de la fournaise. De là vient enfin le charme spécial qui se dégage de la contemplation de ces ouvrages si variés, de ces barres gracieusement recourbées par un brutal effort, de ces feuillages assouplis à grands coups de marteau, et sur lesquels l'œil attentif distingue le stigmate laissé par l'action d'un poignet héroïque soudant sur l'enclume les pétales d'une rose.

De ce travail où chaque délicatesse est obtenue par un acte de violence, où toute finesse d'exécution résulte du choc brutal d'un pesant marteau frappé à tour de bras sur la matière rougie, les ouvrages du fer conservent quelque chose de grand, de mâle, de noble, que n'offrent pas les autres productions humaines, et c'est ce qui explique comment, dès la plus haute antiquité, tous les peuples ont entouré d'une sorte de vénération superstitieuse ceux qui le mettaient en œuvre. Les Anciens, qui, dans leur chimie primitive, donnaient à notre métal le nom héroïque de Mars, n'hésitèrent pas à ranger au nombre de leurs divinités Vulcain et ses Cyclopes. Les Hébreux conservèrent un pieux respect pour la mémoire de Tubal-Caïn, fils de Lamech, qui, 2975 ans avant notre ère, les avait initiés aux mystères de la forge. Les Perses vouèrent une espèce de culte à

Djemschid, fils de Tahamouras, qui, durant un règne de 700 ans, combla de bienfaits les habitants de l'Iran et leur apprit à façonner le rebelle métal. « Il amollit le fer, dit le schah Nameh. Par sa puissance royale, il lui donna la forme des casques, des cuirasses, des lances [1]. » En Occident comme en Orient, ce respect reconnaissant entoura, pendant toute une suite de siècles, les initiateurs des ouvrages de la forge. En Gaule, dès les temps préhistoriques, le travail du fer fut en singulier honneur. Avant même que la domination romaine se fût établie sur notre pays, les Gaulois montraient déjà des aptitudes spéciales dans l'exercice de cet art. Tous ceux, au surplus, qui ont écrit sur la serrurerie se plaisent à vanter sa haute antiquité. « Je peux véritablement dire, écrit Mathurin Jousse [2], qu'entre tous les arts mechaniques, il n'y en a aucun qui puisse parangonner à celuy du serrurier pour nous estre utile et nécessaire ; l'invention d'icelluy estant sy vieille et antique qu'il semble avoir pris naissance avec cest univers mesme. » Et Lamour ajoute dans son *Préliminaire apologétique* [3] : « La forge est aux inventions de ce genre, ce que le génie est aux sciences. Elle en est l'âme et la force, aucune ne peut se passer d'elle, et elle ne les a précédées toutes que pour les créer. Si Cérès donne du pain aux Cyclopes, c'est qu'ils lui avaient fabriqué la charrue. Si le pieux Énée conserve et établit au milieu des combats les fugitifs de Troie, c'est qu'il est armé par l'époux de Vénus. »

Vénéré dans l'Antiquité, l'art du fer, pendant tout le

---

1. J. Ménant, les *Achéménides*, p. 4.
2. *La fidelle ouverture de l'art de serrurier, où l'on void les principaulx préceptes, desseings et figures touchant les expériences et opérations manuelles dudict art* (La Flèche, 1627).
3. Voir le *Recueil des ouvrages en serrurerie que Stanislas le Bienfaisant, roy de Pologne, duc de Lorraine et de Bar, a fait poser sur la place Royale de Nancy, à la gloire de Louis le Bien-Aimé, composé et exécuté par Jean Lamour, son serrurier ordinaire, avec un discours sur l'art de la serrurerie* (Nancy, 1767).

Moyen Age, continua de jouir d'une considération qu'expliquent aisément ces grilles à la fois belles, fortes et simples, qui ferment encore les chapelles des églises et les fenêtres des châteaux, et ces pentures superbes dont le peuple, dans son admiration naïve, attribuait au diable la paternité. La Renaissance, en cela, suivit les traces du Moyen Age, et jusqu'à la fin du siècle dernier, nous venons de le voir, cet enthousiasme ne faiblit pas.

Pourquoi faut-il que cette période si glorieuse ait été suivie d'une décadence inqualifiable qui dura près de cinquante ans? Aujourd'hui, heureusement, la serrurerie d'art a repris son premier lustre. L'habileté de nos artisans égale celle de leurs glorieux ancêtres, et il n'est pas un ouvrage ancien qu'ils ne pourraient refaire. Le moment est donc propice pour étudier les secrets de ce bel art et pour en approfondir la pratique. Mais ce que nous venons de dire suffit à démontrer combien le sujet que nous abordons est vaste. Pour plus de clarté nous croyons donc devoir procéder d'une façon méthodique. En premier lieu nous décrirons le traitement du fer et la confection des grands ouvrages de la forge; ensuite nous nous occuperons de ce qui a trait à la serrurerie proprement dite. Enfin nous retracerons l'histoire de cette noble profession, à laquelle nous devons tant d'œuvres admirables.

Fig. 6. — Masque de Bacchus en fer repoussé.

II

OPÉRATIONS PRÉLIMINAIRES. — LA PRÉPARATION DU MINERAI. — LE HAUT FOURNEAU. — LA COULÉE. — LA GUEUSE. — LES DIFFÉRENTES SORTES DE FONTES. — LA FONTE MALLÉABLE.

Le fer se rencontre dans la nature à l'état de minerai. Presque tous les pays en produisent. Ceux du Berry ont joui pendant longtemps d'une grande réputation, et les nombreux ouvrages qu'ils ont permis d'exécuter montrent combien cette réputation était méritée. Ceux de Suède, aujourd'hui, sont considérés comme étant les meilleurs. Ne pouvant nous étendre longuement sur les préparations préliminaires et sur le traitement métallurgique qu'on leur fait subir, — ce qui sortirait du cadre de ce livre, — nous nous bornerons à expliquer que ces minerais sont divisés en deux sortes principales : 1° les mines terreuses, comprenant toutes les variétés de fers qu'on rencontre mélangés à des terres argileuses ou calcaires ; 2° les minerais en roche, renfermant toutes les espèces qui sont accompagnées d'une gangue dure, spathique ou quartzeuse.

Les minerais de la première catégorie sont purifiés par un lavage préalable. On débarrasse ainsi le fer brun et granuleux des argiles et des calcaires qui l'enveloppent, et on l'amène au degré de pureté indispensable pour qu'il puisse être fondu avec économie. Lorsque le lavage ordinaire ne suffit pas, on *bocarde* la masse terreuse, c'est-à-dire qu'on la fait passer sous les pilons d'une machine appelée *bocard*[1], qui la pulvérisent, en même temps qu'un fort courant d'eau entraîne les argiles et les matières calcaires qui se trouvaient mêlées au fer.

1. *Bocard* dérive de l'allemand *pochwerk*, qui signifie machine à broyer.

Les minerais de roche ne sont point bocardés ni lavés. On les grille. Ce traitement préliminaire varie suivant les sortes de minerais. Il a pour but de rendre ces derniers plus friables, en séparant le soufre ou l'arsenic ou encore l'eau de cristallisation du fer spathique, etc. Mais comme ces minerais ne possèdent pas par eux-mêmes les qualités combustibles qui permettraient au grillage de se continuer jusqu'à ce que le fer puisse être entièrement dégagé, on les associe pour cette opération avec du bois ou de la houille, qu'on dispose en lits alternatifs.

Après avoir subi ce premier traitement, les minerais, débarrassés à peu près complètement des matières avec lesquelles ils étaient mélangés, sont fondus. Les fourneaux qu'on emploie à cet usage affectent une forme particulière. La plupart sont très élevés ; quelques-uns même mesurent jusqu'à 14 mètres de haut et présentent une vague apparence de puits élargis en leur milieu. A cause de cette disposition, on leur donne le nom de *hauts fourneaux*. Leur orifice supérieur porte la dénomination assez peu euphonique de *gueulard*. La combustion, à l'intérieur, est activée par une ou plusieurs tuyères. A leur partie inférieure se trouve un récipient qu'on nomme le *creuset*.

C'est par le gueulard qu'on charge le haut fourneau. On y verse un mélange composé de minerai, de charbon et quelquefois d'un fondant terreux. Suivant la nature du minerai, ce fondant est argileux ou calcaire. Le charbon qu'on emploie de préférence est le charbon de bois et, s'il est possible, celui qui est produit par la combustion de chênes ayant une vingtaine d'années. Le résultat de cette combustion donne environ 20 pour 100 de fonte et 15 pour 100 de fer.

La houille, dont on fait usage à défaut de charbon de bois, est employée sous forme de coke. Lorsque le coke est de bonne qualité et a été préparé avec soin, le résultat final est des plus satisfaisants. Ainsi que l'écrivait fort bien

M. Le Normand[1], « de la bonne qualité du coke dépend celle du métal. Mêlé à des substances hétérogènes, il détériore la valeur du métal et détruit sa fusibilité. » Malheureusement il n'est pas toujours facile de se procurer du bon coke, et le propriétaire d'un haut fourneau n'a que rarement le moyen de s'assurer de la composition chimique de celui qui lui est fourni. Un autre facteur dont le métallurgiste instruit et expérimenté doit se préoccuper, c'est la nature des argiles qui, au moment de l'introduction dans le haut fourneau, demeurent mélangées avec le minerai, et surtout les proportions de chaux et de silice qu'elles contiennent. Il lui faut, en outre, calculer quelle diminution de combustible pourra en résulter, de façon à obtenir, par un arrangement judicieux, le plus de métal et le meilleur, avec la moindre dépense.

Une fois ces précautions prises, — et aucune d'elles ne doit être négligée, car elles exercent une grande influence sur la qualité du fer produit, — le fourneau est chargé et allumé. A mesure que le charbon se consume, le minerai et ses mélanges terreux entrent en fusion ; la masse s'affaisse, et si le travail va bien, elle descend d'une façon lente, régulière, égale. Quand il arrive devant la *tuyère,* le minerai, qui avait été progressivement chauffé et comme *préparé* dans la partie supérieure du haut fourneau, se trouve en complète fusion. L'oxyde de fer, en partie vitrifié, se combine avec une certaine quantité de carbone et passe à l'état de *fonte*. Devenu alors d'une pesanteur spécifique beaucoup plus considérable que les substances étrangères auxquelles il est mélangé, il les abandonne, coule et se rassemble au fond du creuset. Quant aux argiles, à la silice, à la chaux, au manganèse des gangues liquéfiées par la chaleur, ils forment une sorte de vitrification opaque et brune, désignée sous le nom de *laitier,* qui nage sur la fonte, gagne les bords

---

1. *Annales de l'Industrie,* année 1820, tome Ier, p. 306.

du creuset et s'écoule le long d'une plaque inclinée qu'on nomme la *dame*. La charge d'un fourneau de 14 à 15 mètres de haut met environ trois jours à descendre dans le creuset ; mais les ouvriers ne laissent pas le fourneau se vider. A mesure que le niveau s'abaisse, ils remplacent la matière consommée par de nouvelles charges jetées dans le gueulard.

Lorsque le nombre des charges successivement versées et l'abondance du laitier qui s'est écoulé permettent de supposer que le creuset doit être plein, il s'agit de le vider. Pour cela on procède à une opération très importante qui s'appelle la *coulée*, et qui consiste à conduire la fonte en fusion dans des moules spéciaux pouvant contenir 500 à 600 kilogrammes de métal, et qu'on a préalablement creusés dans le sol même de la fonderie. Les lingots ainsi obtenus présentent la forme d'un long prisme rectangulaire effilé à ses deux extrémités, et qui porte le nom de *gueuse*. Ordinairement on procède pour chaque haut fourneau à deux ou trois coulées par jour, et le haut fourneau continue de marcher pendant plusieurs mois de suite et tant qu'il n'a besoin d'aucune réparation.

La fonte qui vient ainsi se mouler dans les gueuses, soit qu'on l'ait obtenue avec de la houille carbonisée (coke) ou avec du charbon de bois, est une combinaison de fer allié à une petite quantité d'oxygène et de carbone, et dont la qualité varie suivant la proportion de chacun de ces trois éléments. On distingue deux sortes principales de fonte : la *grise* et la *blanche*. Cette dernière contient plus d'oxygène et moins de carbone que sa rivale. Elle est d'une couleur plus claire ; elle est aussi plus dure, plus cassante. Sa cassure est lamelleuse, sa surface irrégulière, et le retrait qu'elle prend en refroidissant assez considérable. La fonte grise, dont la couleur tire sur le noir, contient, au contraire, plus de carbone et moins d'oxygène que la précédente. Elle a le grain fin et brillant ; elle est moins dure et moins friable ; sa surface est plus unie, et son retrait moins grand. En outre, elle pèse plus lourd. Cette fonte grise elle-même comporte deux qualités : l'une *aigre,* qui, cassante, sans souplesse, sans lien, occasionne beaucoup de déchet à l'affinage, et somme toute donne du mauvais fer ; et l'autre *douce,* plus difficile à affiner, mais qui fournit un fer bien meilleur.

La facilité qu'on a de mouler la fonte fait qu'on l'emploie pour un nombre assez considérable d'ustensiles de ménage. On en fabrique des contre-cœurs ou plaques de cheminée, des poêles, des tuyaux de conduite, des grilles de balcon, des rampes, des marmites, etc. Malheureusement sa fragilité relative et surtout sa dureté empêchent qu'on en fasse usage pour les objets ou les ornements qui réclament du fini et une certaine délicatesse de contours. Les formes qu'elle présente au sortir du moule sont toujours émoussées, obtuses, et nécessiteraient, pour être réparées et prendre quelque accent, l'intervention du ciseau et de la lime. Mais pour que ceux-ci puissent agir utilement, il est indispensable que la surface au moins de la fonte soit attendrie ou, pour employer l'expression usitée, soit rendue malléable.

Cet attendrissement de la fonte, cette possibilité de la rendre malléable est d'invention française. En 1722, l'illustre Réaumur publia un ouvrage très important sur l'*Art d'adoucir la fonte.* S'appuyant de cette constatation que celle-ci est d'autant plus douce qu'elle contient plus de carbone et moins d'oxygène, Réaumur démontra qu'il suffit d'enlever à la fonte grise, et même à la fonte blanche, l'oxygène qu'elles ont en excédent et de leur donner le carbone qui leur fait défaut, pour les rendre l'une et l'autre malléables. Bien mieux, il enseigna divers procédés pour obtenir ce résultat et rendit compte dans leur moindre détail de ses propres expériences. Il est impossible de décrire un art avec plus de soin, et lorsqu'on a lu les dix-

14 LA SERRURERIE

huit mémoires dont il se compose, on se demande comment ce beau travail a pu passer inaperçu et tomber dans un complet oubli.

Il fallut, cependant, qu'au commencement de ce siècle, un de nos compatriotes, M. Baradelle, allât surprendre en Angleterre les procédés employés depuis quarante ans et les réimportât chez nous, pour que cette industrie prît un certain essor sur le continent, et pour que l'on découvrît que nos voisins d'Outre-Manche s'étaient bornés à mettre en pratique des formules et des principes exactement calqués sur les découvertes de l'illustre savant français.

Mais la fonte malléable, bien que rendant de nombreux services au serrurier, — soit qu'elle lui permette d'obtenir quelques petites pièces fines et délicates, comme les anneaux de clef, les palâtres de serrure décorés d'ornements en léger relief, soit qu'elle lui fournisse des entrelacs, des rinceaux imitant en massif les ouvrages en tôle relevée, — la fonte malléable ne joue qu'un rôle secondaire dans la serrurerie proprement dite, et surtout dans la serrurerie d'art. Cette dernière n'emploie guère que du fer forgé, et c'est de celui-ci qu'il va être question dans notre prochain chapitre.

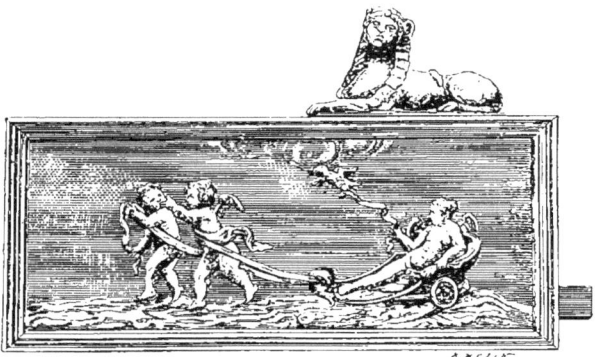

Fig. 7. — Palâtre de serrure exécuté en fonte malléable. (XVIIIe siècle.)

III

DU FER PROPREMENT DIT ET DES DIVERSES FAÇONS DONT ON LE TRAVAILLE

On peut considérer la fonte obtenue par les procédés que nous venons de décrire comme un état intermédiaire, c'est-à-dire comme un passage du minerai de fer au fer métallique tel qu'il est employé dans les grands et beaux ouvrages de la serrurerie. Pour faire acquérir au métal toutes les propriétés, toutes les qualités qui lui sont indispensables, il faut le priver de l'excès de carbone et d'oxygène qu'il comporte, et achever d'expulser de sa masse le *laitier* qui tient encore ses fibres séparées. Cette opération, qui se nomme affinage, s'effectue de la façon suivante :

L'ouvrier place les morceaux de fonte dans un creuset disposé au fond du fourneau et entouré de charbons allumés. Les soufflets qu'il fait fonctionner ne tardent pas à porter la température à un degré assez élevé pour que la fonte entre en fusion, et il la maintient quelque temps en cet état, en ayant soin, pour activer la combustion, de remuer continuellement la fonte avec un *ringard*, et de diriger le vent des soufflets sur sa surface. A mesure que le carbone est brûlé, le fer devient moins fusible, et il se forme des grumeaux métalliques que l'ouvrier rapproche et dont il constitue une masse unique. Dès que cette masse poreuse, qu'on désigne sous le nom de *loupe* ou de *renard*, est de taille convenable, l'ouvrier la tire hors du creuset et la fait rouler sur la plaque de fonte qui forme l'aire de l'atelier. Là plusieurs ouvriers la frappent avec de lourds marteaux, font *ressuer* le *laitier* et donnent à la loupe une forme à peu près sphérique.

Cette opération préliminaire s'appelle *fouler la loupe*. Une fois celle-ci foulée, on la *cingle*, c'est-à-dire qu'on la porte sous un énorme marteau mû mécaniquement, auquel on donne le nom de *martinet,* et qui commence à la forger. Cette nouvelle opération transforme radicalement le métal. Par elle il cesse d'être fusible, c'est-à-dire qu'il peut encore brûler, mais qu'il ne fond plus. Il devient *doux* et cesse, par conséquent, d'être cassant. Son élasticité lui permet de se plier dans tous les sens, et il est désormais possible de le tailler au burin, de le sculpter, de le graver, de le travailler à la lime, en un mot de lui donner non seulement les formes les plus variées, mais encore tout le poli et tout le fini désirables.

Le fer ainsi affiné est façonné soit en barres ou en verges de différentes grosseurs, soit en plaques d'étendue variée et d'une épaisseur plus ou moins grande. Ces plaques prennent le nom de tôle de fer. Pour former les barres, deux procédés différents sont employés. On peut faire usage de martinets ou se servir de laminoirs. Ce dernier appareil, qui produit avec plus d'économie et plus de rapidité des barres d'une régularité plus parfaite, est aujourd'hui universellement adopté. Parfois on use des deux systèmes, cinglant le fer au martinet après sa première *chaude,* et le soumettant ensuite à l'action des cylindres. En outre, pour les ouvrages de valeur, on emploie généralement du fer *corroyé.* On corroie le fer en superposant plusieurs barres ou plusieurs plaques, en les portant au rouge blanc et en les battant jusqu'à ce que, soudées ensemble, elles ne forment plus qu'un seul morceau. Le fer, en effet, gagne beaucoup en qualité à être frappé, forgé, étiré, à condition toutefois que l'allongement ainsi obtenu ait toujours lieu dans le même sens. Cette opération du corroyage, qui se fait aujourd'hui mécaniquement, s'effectuait jadis à la main, et quelques auteurs prétendent[1] que le laminage au cylindre est loin de valoir pour le fer ce battage répété qui arrivait

---

1. Notamment M. Viollet-le-Duc. Voir *Dictionnaire d'architecture.*

bien mieux à faire suinter au dehors le laitier interposé entre ses parties. Selon eux, le fer ainsi battu et rebattu, devenu plus concret et plus doux, se soudait plus facilement et, définitivement débarrassé des molécules étrangères qui le criblent parfois, risquait moins de brûler. Nous n'avons garde de prendre parti dans ces discussions délicates et dont l'intérêt est purement rétrospectif. Le travail ancien avait certainement du bon. L'étirage des barres et leur corroyage ont produit des fers excellents, — nombre d'ouvrages plusieurs fois séculaires l'attestent ; — mais ce procédé n'était point impeccable. Nous n'en voulons d'autre preuve que certaines recommandations expresses préconisées par la plupart des auteurs qui ont traité cette matière à une époque où le laminage n'existait qu'à l'état d'exception.

« Quand les barres sont longues et menues, écrit Duhamel du Monceau[1], le serrurier qui choisit du fer les soulève par un bout et les secoue fortement. Quelquefois elles sont si aigres qu'elles se rompent. Toutefois, comme il est rare que les barres ne puissent supporter cette épreuve, on leur en fait éprouver une plus forte. On les dresse sur un de leurs bouts et on les laisse tomber sur le pavé. Les fers fort aigres se rompent. » Indépendamment de cette aigreur caractéristique, Duhamel du Monceau signale les nombreuses espèces de fers défectueux qui se rencontraient déjà de son temps dans le commerce : notamment le fer *rouverain* ployant et malléable à froid, qui, à chaud, casse sous le marteau; le fer *pailleux*, qui se rompt à froid, etc. Il conseille, en conséquence, au serrurier d'examiner avec rigueur les barres qu'il achète, de les rejeter s'il aperçoit de petites gerces qui les traversent, et de rompre même le barreau pour s'assurer de sa qualité par la contexture de son grain. Le bon fer, en effet, qui se laisse forger à chaud

---

1. *L'Art du serrurier*, publié pour la première fois en 1767.

sans se gercer, et plier à froid sans se casser, a le grain homogène et moyen.

Ainsi, de l'aveu même des hommes les plus compétents, tous les fers anciens, préparés exclusivement au marteau, étaient loin de posséder cet ensemble de qualités supérieures que les écrivains de notre temps leur attribuent. Ajoutons qu'à cette époque, comme de nos jours, le forgeron habile arrivait à remédier par son travail aux défectuosités plus ou moins graves du métal employé par lui. « Il est certain, ajoute Duhamel du Monceau, que par la façon de battre le fer sous le marteau on lui donne le nerf ou on lui ôte cette qualité s'il l'avait. En terme de serrurier, on le corrompt. »

Une fois forgé au martinet et corroyé au laminoir, le fer est livré, sous une des trois formes que nous venons d'indiquer, au serrurier qui le met en œuvre. Le fer se travaille à chaud et à froid. A chaud s'exécutent les soudures, l'étampage et, d'une façon générale, tous les grands ouvrages qui exigent l'emploi de verges ou de barres épaisses. C'est à chaud qu'on donne à ces barres la forme qui leur convient, qu'on les équarrit, qu'on les dresse, qu'on les dégauchit, qu'on les courbe, qu'on forme ces enroulements gracieux qui jouent un rôle si considérable dans l'ordonnance élégante ou majestueuse, suivant le cas, des balcons et des grilles. Tous les travaux d'achèvement à la lime, de même que ceux de découpage, de relevage, de ciselure qui s'exécutent ordinairement sur des parties de métal relativement très minces, ont lieu, au contraire, à froid. Il en est de même de la *prise dans la masse,* très usitée autrefois, presque abandonnée aujourd'hui et qui ne convient, du reste, qu'aux ouvrages de dimensions très réduites. De toutes ces manières de travailler le fer, le façonnage à chaud sur l'enclume est assurément la plus caractéristique. C'est de lui que nous allons parler tout d'abord.

IV

DU TRAVAIL DE LA FORGE

Ce qui rend le travail de la forge particulièrement intéressant pour ceux qui en ont pénétré les secrets, c'est que rien ne s'y fait au hasard et mécaniquement. L'intelligence toujours en éveil de l'artisan doit être constamment servie non seulement par une main singulièrement habile et par un œil à la fois exercé et attentif, mais encore par une expérience longuement éprouvée.

Les verges et les barres, quand le fer est froid, ont cette qualité d'être très peu ductiles, et c'est grâce à cela que l'on peut les employer pour les ouvrages de grande résistance. Lorsqu'on les veut travailler, il faut augmenter leur ductilité, et pour cela les amener à une température relativement élevée. Mais cette première opération ne laisse pas que de présenter déjà un certain nombre de difficultés. Le forgeron, tout d'abord, doit reconnaître exactement la qualité du métal qu'il met en œuvre. Un fer aigre ou acerain demande à être moins chauffé qu'un fer doux; un gros barreau ne doit point l'être comme un petit. Il faut, en effet, que lorsqu'on le place entre le marteau et l'enclume, le métal soit amolli par le feu, mais non pas qu'il soit brûlé. Le forgeron doit aussi choisir avec soin le charbon qu'il emploie, car la valeur calorique de celui-ci varie suivant les provenances. En outre, il s'en trouve parfois qui, étant chargé de soufre, ronge et grésille le fer en un instant. Et ce n'est point tout.

La façon dont la pièce qu'on soumet à l'action de la forge est présentée au feu n'est pas indifférente. On la fait pénétrer dans le charbon pour qu'elle soit chauffée dans toutes ses parties à la fois, mais il faut avoir soin qu'elle se trouve un peu au-dessus du courant d'air qu'envoie le soufflet; car si elle était immédiatement à l'embouchure de la tuyère, le vent qui sort de celle-ci, la frappant directement, refroidirait un côté pendant que les trois autres seraient portés au rouge, et si le fer était assez éloigné pour qu'il y eût du charbon entre la tuyère et lui, le feu qui serait lancé par le courant d'air sur une portion du barreau le brûlerait pendant que ses autres parties ne seraient point assez chauffées. Il importe donc de ne pas trop enfoncer le fer, de le placer un peu au-dessus de l'embouchure de la tuyère, de disposer le charbon comme une voûte par-dessus, de manière à former une espèce de petit fourneau à réverbère dans lequel le feu, activé par les soufflets, enveloppe, en circulant, le fer de tous les côtés. Puis, quand la forme de la pièce le permet, il faut avoir soin de la retourner dans la forge, de façon que la chaleur la pénètre partout. Toutes ces précautions ont une extrême importance, parce qu'il est à peu près impossible de bien forger un fer qui a été mal chauffé. Elles exigent, en outre, chez l'artisan une attention extrêmement soutenue, dont tous les ouvriers ne sont pas capables, et c'est ce qui explique comment certains d'entre eux échouent toujours dans cette première préparation.

Une fois le fer convenablement chauffé, si la barre à forger est relativement petite et assez longue cependant pour qu'il puisse la manier sans se brûler, le serrurier la saisit de sa main gauche. Si elle est trop courte, il la prend avec des tenailles[1], et, de la main droite armée d'un marteau, il

1. Les tenailles dont les forgerons font usage sont de formes très variées. Les unes, servant à présenter le fer sur l'enclume, sont droites. D'autres sont crochues et servent à tenir le fer dans la forge. On fait également des tenailles qui portent les noms de *tenailles à bouton*, de *tenailles à rouleau*, de *tenailles goulues*, de *tenailles à lien*, etc.; et dans certaines circonstances, lorsque l'ouvrier a des pièces d'un dessin spécial à façonner par quantité, il se fabrique des tenailles particulières qui lui permettent de mieux saisir le fer qu'il travaille. Enfin

donne un premier coup pour faire tomber le fraisil[1] ; puis il pose la pièce sur l'enclume et commence à la battre d'abord à petits coups pour détacher l'écaille du fer, puis en frappant de plus en plus ferme, et il continue jusqu'à ce que le métal ait cessé d'être assez chaud pour pouvoir encore s'étendre. Il s'arrête alors, car s'il persistait à frapper de

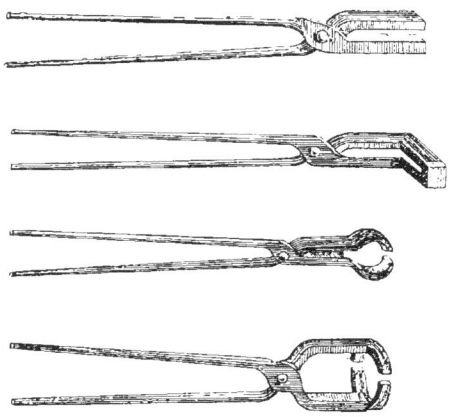

Fig. 8 à 11. — Diverses sortes de tenailles employées à la forge. — Tenailles droites. — Tenailles croches. — Tenailles à bouton et tenailles à rouleau.

grands coups, non seulement il perdrait son temps, mais il risquerait encore de rompre le fer ou de le rendre pailleux.

Quand il s'agit de gros fers, le maître forgeron se fait aider par un, deux ou trois compagnons, et le travail revêt alors une allure plus magistrale. C'est toujours lui qui tient de sa main gauche la pièce qu'on forge et qui la présente sur l'enclume, l'avance, la recule, la retourne et

---

il arrive encore que lorsque la barre qu'on forge est trop courte pour être tenue à la main, au lieu de se servir de tenailles, le maître soude à une de ses extrémités une autre barre qui la rallonge. Cette barre se nomme *ringard*.

1. On donne le nom de fraisil à une sorte de mâchefer réduit en poudre, produit par les cendres du charbon et la crasse du fer.

lui fait prendre toutes les positions convenables pour la bonne conduite et l'achèvement du travail. En même temps, de sa main droite armée d'un marteau à panne droite dit *marteau à main* (voir la fig. ci-dessous), il bat le fer à l'endroit précis où il veut que les compagnons frappent à leur tour, et par la force des coups qu'il donne, il leur indique s'il faut frapper plus ou moins fort. Quant aux compa-

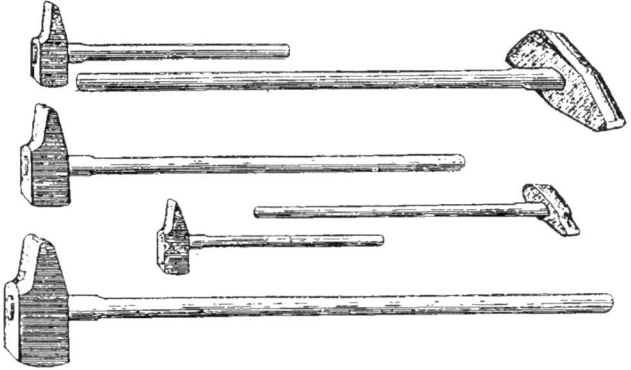

Fig. 12 à 17. — Marteau à main pour forgeron. — Marteau à devant panne en long. — Petit marteau à devant panne en travers. — Marteau à main à bigorne. — Marteau rivoire pour ajusteur. — Grand marteau à devant panne en travers.

gnons, armés de longs et lourds marteaux nommés *marteaux à devant* ou *à traverse*, ils se conforment scrupuleusement à ses indications, battant le fer en mesure et de manière à produire cette cadence si particulière qui dénonce de très loin et aux oreilles les moins expérimentées le voisinage d'une forge. Lorsque le fer a été suffisamment battu, le maître forgeron apprend aux compagnons qu'il faut discontinuer de frapper, en laissant tomber son marteau à côté du fer sur l'enclume. Et il leur commande de reprendre le travail en faisant de nouveau porter le marteau sur la pièce forgée.

On voit que, durant l'opération, c'est le maître forgeron

qui conduit tout l'ouvrage, qui en a l'entière direction et la responsabilité. Aussi a-t-il besoin, pour réussir les pièces qu'on lui demande, non seulement d'une force peu commune et d'une grande habileté de main, mais aussi d'une parfaite connaissance du fer, de son traitement et des ressources qu'il présente. Façonne-t-il un barreau carré : il lui faut posséder un coup d'œil assez juste pour que, tout en don-

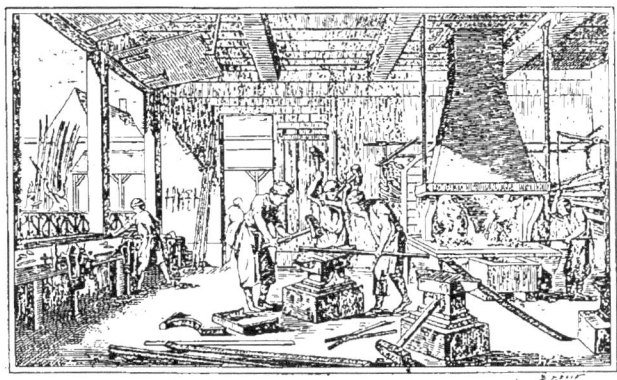

Fig. 18. — Atelier de serrurerie au xviiie siècle, d'après la gravure de Bénard.

nant à son fer la largeur et l'épaisseur convenables et une égalité parfaite d'un bout à l'autre, il conserve à celui-ci les arêtes bien vives et son même calibre dans toute sa longueur. Le barreau doit-il, au contraire, aller en s'amincissant : il lui faut obtenir cette diminution progressive sans que le fer gauchisse, et sans que ses faces cessent de se couper à angle droit. Il en est de même lorsque les fers doivent être forgés de grosseur inégale et de façon à former des enroulements. Enfin s'agit-il de fers ronds : c'est tout le contraire, on n'y doit découvrir aucune arête, et il faut que la circonférence en soit parfaitement circulaire. Or les très habiles forgerons satisfont si bien à toutes ces conditions, que la pièce sortant de leurs mains ne porte aucune trace visible des coups de marteau qui l'ont façonnée, et qu'on la croirait achevée à la lime. On comprend, après cela, que si le travail des compagnons s'apprend assez facilement, il n'en saurait être de même du travail du maître forgeron, et que l'éducation de celui-ci, pour être parfaite, réclame un temps considérable.

Ajoutons que le matériel qui sert à fabriquer ces ouvrages est extrêmement simple. Il se compose d'une forge activée par un ou plusieurs soufflets, d'une enclume (fig. 19) se terminant par une ou deux bigornes, dont la forme bien connue n'a pas varié depuis près de cinq siècles; de tenailles et de marteaux de différentes grosseurs.

Les principaux ouvrages qui se font à chaud sont, avec la préparation des barreaux, les soudures et l'étampage, dont il nous faut dire de suite quelques mots.

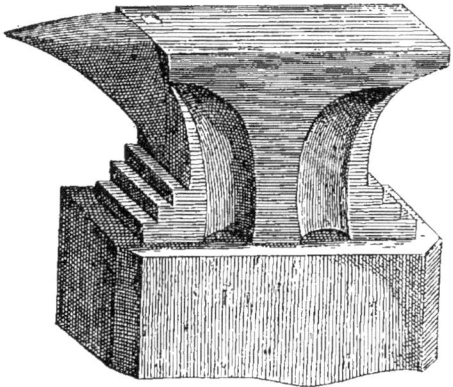

Fig. 19. — Enclume.

V

LA SOUDURE ET LA BRASURE

Le fer jouit de cette précieuse propriété que deux morceaux chauffés à une température de 1,200 à 1,400 degrés[1], placés l'un sur l'autre dans des conditions convenables et forgés avec soin, arrivent à ne faire qu'un seul et unique morceau. « Il semble, remarque à ce propos M. H. Landrin, que la nature, ayant refusé au fer la faculté de se fondre et de couler comme le cuivre, l'argent, le plomb, etc., a voulu établir une compensation en le rendant propre à se réunir à lui-même[2]. » Aussi les soudures à chaud, obtenues par le travail de la forge, sont-elles d'un emploi constant dans les grands ouvrages de serrurerie. Sans elles, quantité de travaux deviendraient d'une exécution impossible. C'est pourquoi nous allons, sans plus tarder, examiner comment le serrurier procède, et les précautions nombreuses qu'il lui faut prendre.

Lorsqu'il doit souder deux barres d'une certaine grosseur, l'ouvrier commence par refouler légèrement le fer des extrémités et par amorcer au marteau ces deux barres en *bec de flûte*, c'est-à-dire qu'il étire en biseau les deux parties qu'il veut réunir, de telle manière que, posées l'une sur l'autre, elles se joignent à peu près comme si elles ne formaient qu'un seul morceau[3]. Parfois, pour faciliter l'adhérence et lorsqu'il s'agit de gros fers, le forgeron martèle les faces qui doivent se toucher ou les entaille soit avec le

---

1. Cette température porte le nom de *blanc-soudant* ou de *chaude-portée*. Le degré de chaleur nécessaire aux soudures varie suivant la qualité du métal. Le fer dur exige une température sensiblement plus élevée que le fer tendre.
2. *Manuel du serrurier*, p. 165.
3. Les becs de flûte mesurent pour les gros fers de 6 à 8 centimètres, et de 3 à 5 pour les moyens et les petits.

ciseau soit avec la panne du marteau. De cette façon les deux fers, s'accrochant, ont moins de facilité à glisser et à *couler* l'un sur l'autre au moment où l'on forge la soudure. Mais cette précaution n'est point indispensable. On a remarqué, en effet, que les bavures ainsi produites s'effacent souvent lorsqu'on donne la chaude au métal; et même, lorsqu'elles persistent, ces entailles présentent presque autant d'inconvénients que d'avantages, car elles risquent de retenir du *fraisil*. Or, la présence de ce dernier suffit à empêcher la soudure de s'effectuer.

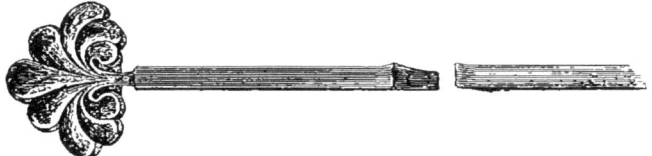

Fig. 20. — Tiges apprêtées en bec de flûte pour la soudure.

Cette première opération s'exécute sur l'enclume, les deux barres étant portées au rouge cerise. Lorsque les amorces sont en état, on replace les barres dans la forge; on leur donne une chaude blanche, en ayant bien soin que les deux morceaux soient également chauffés et dans toutes les parties qui doivent faire corps ensemble, mais pas trop au delà, afin que le fer ne s'amaigrisse pas auprès de la soudure. Quand on juge qu'ils ont atteint la température convenable, on les retire doucement du feu; on fait tomber le fraisil, on les pose sur l'enclume, l'un sur l'autre, comme il a été dit plus haut, donnant d'abord quelques petits coups pour commencer à produire l'adhérence; puis, lorsqu'on n'a plus de crainte que les amorces glissent l'une sur l'autre, on frappe fort et ferme jusqu'à ce que les deux barres, convenablement pétries, soient définitivement réunies ensemble. Une soudure bien faite devient ainsi invisible, et deux barres soudées ne forment plus qu'un seul morceau.

Il n'est pas besoin d'insister sur les nombreux avantages que présente cette faculté de réunir à chaud deux parties de fer. Le seul inconvénient qu'elle offre, c'est de raccourcir légèrement les deux barres; aussi le forgeron qui prévoit cette diminution de longueur a-t-il soin de se ménager toujours de la matière, de façon à n'éprouver de ce côté aucun mécompte. Mais il arrive parfois que l'ouvrier est tenu de rassembler deux pièces déjà travaillées qui ne peuvent rien abdiquer de leurs formes ou de leurs dimensions. Dans ce cas il est obligé de recourir à un autre procédé, qui se nomme *brasure*, et se rapproche singulièrement de la soudure de l'or et de l'argent décrite dans notre manuel sur l'ORFÈVRERIE[1].

Supposons que nous ayons, par exemple, à réunir les deux parties d'une clef accidentellement rompue. Si la tige de cette clef, comme il arrive souvent, est beaucoup plus longue qu'il n'est nécessaire, alors nous pourrons tailler à la lime les côtés de la brisure de manière à les façonner en bec de flûte, puis, après avoir donné une chaude convenable, nous les souderons sur l'enclume en les forgeant. Mais si la longueur de la tige n'excède pas les dimensions indispensables (comme le montre notre fig. 21), nous nous bornerons à aviver à la lime les deux parties à réunir. A l'aide d'un fil d'archal qu'on appelle à cause de cela *fil à lier*, nous les ajusterons ensuite pour les affermir et de façon qu'elles ne puissent bouger. Nous couvrirons l'endroit à braser avec de la soudure en poudre ou en petits paillons et du borax, chargé de faciliter la fusion. Puis nous soumettrons le tout à l'action de la chaleur. Celle-ci commencera par échauffer le fer, bientôt la soudure entrant en fusion coulera, s'étendra dans la fissure et produira l'adhérence des deux morceaux.

La composition de la soudure, ou, pour parler plus exac-

---

1. Voir *Orfèvrerie*, p. 37 et suiv.

tement, de la *brasure* qui sert à opérer ce genre de rapprochement, varie suivant la nature et la qualité de l'ouvrage. On en emploie trois espèces principales, qui sont : la *brasure de cuivre*, la *brasure d'étain* et la *brasure d'argent*. La première, résultat d'un mélange de cuivre rouge (rosette) et de zinc, est assez difficile à employer. Elle exige une grande habitude et laisse toujours des traces extrêmement visibles. Pour atténuer le contraste de couleur que présente cette petite bande de cuivre rouge interposée entre deux pièces de fer, on augmente la proportion de zinc; mais alors le mélange devient aigre et la brasure est cassante. C'est pourquoi dans les ouvrages de prix on se sert de préférence de soudure d'orfèvre ou brasure d'argent.

Jadis la chaude nécessaire à la fusion de la brasure s'obtenait à la forge et réclamait mille précautions spéciales. Aujourd'hui on ne fait plus guère usage, du moins pour les pièces de valeur, que du chalumeau. Cet appareil permet à l'ouvrier de suivre et de contrôler le travail. Toutefois, il n'est possible d'utiliser le chalumeau que pour les objets de dimensions réduites, et c'est encore à la forge qu'il faut recourir pour les gros ouvrages. Ajoutons que ces derniers exigent rarement d'être brasés.

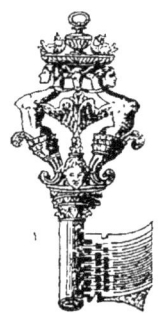

Fig. 21. — Clef ancienne brasée au-dessous de l'anneau.

VI

L'ÉTAMPAGE

Les soudures, si elles comptent parmi les opérations les plus importantes de la forge, ne sont pas, nous l'avons dit, les seules façons délicates qu'on exécute à chaud. Dans un grand nombre d'ouvrages, le fer est orné de profils plus ou moins compliqués. Ainsi les montants et traverses qui forment les châssis, les tiges des longs verrous, des espagnolettes et des crémones sont le plus souvent enrichis de quarts de rond ou de moulures. Les plates-bandes qui surmontent les appuis de balcon et les balustrades, aussi bien que les mains courantes des rampes, sont également moulurées. Enfin on remplit ordinairement les vides des panneaux avec des fleurons, des tiges ou des jets qu'on décore de boules et qu'on charge de *graines*. On peut, il est vrai, façonner ces divers ornements au marteau, au burin, à la lime, mais l'opération serait longue, pénible, coûteuse par conséquent. Aussi a-t-on de tout temps recouru à un moyen plus expéditif, qui est l'emploi de l'étampe.

Ce procédé, quoi qu'aient pu dire certains auteurs[1], paraît extrêmement ancien. Les curieuses ferrures dont sont garnis les quelques coffres du XIIIe siècle qui nous ont été conservés, ceux notamment de l'église de Noyon, de la collection Peyre et du musée de la ville de Paris, ont été certainement travaillées à l'étampe. Il en est de même pour les admirables pentures qui décorent les portes de l'église de

---

1. Duhamel du Monceau, parlant de certains ouvrages moulurés au burin et à la lime, écrit : « On trouve quelques anciennes grilles où les plates-bandes sont travaillées de cette façon : apparemment que dans le temps qu'elles ont été faites on ne connoissoit pas les étampes, qui d'une seule opération font des ouvrages beaucoup plus parfaits. »

Vézelay, de l'abbaye de Saint-Denis, des cathédrales de Sens, de Rouen, etc. Toutes ces belles ferrures ont été cannelées et fleuronnées par ce procédé. C'est également à l'étampe que dut recourir un serrurier contemporain, M. Boulanger, lorsqu'il fut chargé de restaurer et de compléter les pentures de Notre-Dame de Paris. Ainsi, bien loin de s'être développé avec le temps, il semble, au contraire, que l'étampage soit moins employé aujourd'hui qu'au Moyen Age. Ajoutons que la débordante richesse d'ornementation de la serrurerie à cette époque s'accommodait admirablement de ce genre de travail. Voici, du reste, en quoi il consiste.

L'étampe dont on fait usage se compose d'une pièce de fer très épaisse, aciérée au moins dans sa partie supérieure, que l'on nomme semelle, où sont gravés en creux tous les profils ou dessins qu'on souhaite d'obtenir en relief, et en relief tous les ornements que l'on veut obtenir en creux. C'est, en résumé, une sorte de cachet ou de matrice. L'étampe — lorsqu'elle est simple — est assujettie sur la table d'une forte enclume et de façon qu'elle ne puisse bouger. On fait ensuite chauffer la barre de fer que l'on veut travailler, et qui a été préalablement dégrossie et amenée aussi près que possible de la forme désirée. Quand cette barre se trouve à une température convenable, on la pose sur les cannelures ou dessins de l'étampe, et on la frappe à grands coups de marteau jusqu'à ce qu'on l'ait forcée de pénétrer dans la matrice et d'en épouser la forme. En chauffant de cette façon et en forgeant successivement sur l'étampe toutes les parties d'une barre, on arrive à la revêtir d'un bout à l'autre du même ornement, à moins que, variant les étampes, on ne varie aussi les profils. Lorsque les ouvrages qu'on exécute de cette manière comportent un certain soin, on en répare après coup les endroits défectueux au burin et à la lime droite ou courbe. C'est de la sorte que sont obtenus les appuis de balcon, les mains courantes et, au surplus, toutes les grandes parties de fer qui sont moulurées seulement sur une de leurs faces.

Pour façonner celles qui sont décorées sur leurs différents côtés ou sur toute leur circonférence, on emploie deux semelles au lieu d'une. Supposons que l'on veuille confectionner le genre d'ornements extrêmement usité dans

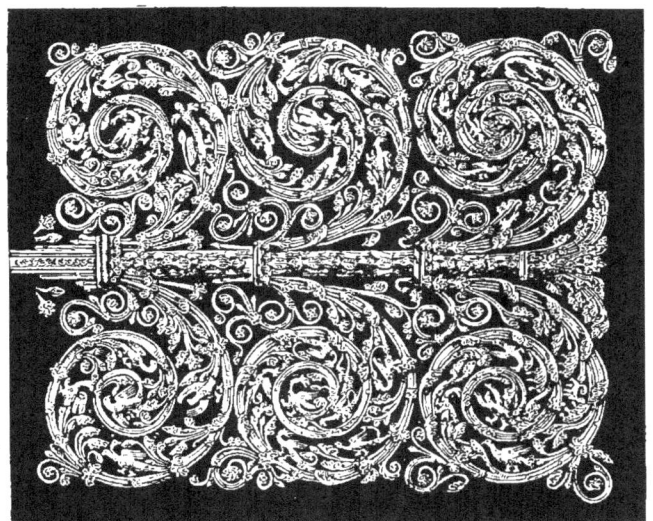

Fig. 22. — Penture de Notre-Dame exécutée à l'étampe par M. Boulanger.

les ouvrages de la serrurerie que l'on nomme des *graines* [1]. Pour faciliter le travail, on commence par entailler la barre de fer, entre chaque graine, avec un ciseau spécial dont le taillant affecte la forme d'un fragment de cercle ; puis, la séparation marquée, on fait chauffer le fer et on le place sur

---

[1]. C'est le nom qu'on donne à de petites boules posées les unes au-dessus des autres et qui vont en diminuant de grosseur, de sorte qu'elles semblent enfilées sur une même tige qui sert de base à la plus grosse et sort sous forme de *jet* de la plus petite.

la semelle inférieure. On met alors sur la barre la seconde étampe, faite également d'une pièce de fer très épaisse, mais emmanchée d'un long morceau de bois qui permet de la manier aisément, et l'on frappe à tour de bras sur la semelle supérieure, et par contre-coup sur le fer prisonnier entre les deux étampes.

Le résultat de ces chocs violents est facile à deviner. Nos deux étampes creusées en gouttière offrent chacune, gravées plus ou moins profondément, la suite de graines qu'on veut obtenir. Lorsque la barre est appliquée sur l'étampe,

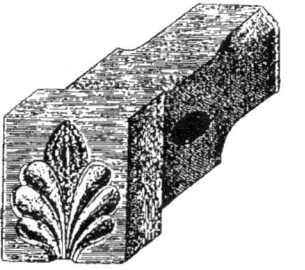 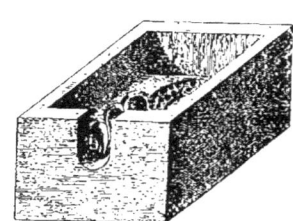

Fig. 23 et 24. — Étampe ouverte.

les arêtes qui séparent ces cavités successives pénètrent dans les entailles pratiquées au ciseau, et le marteau, par ses coups répétés, force le fer rougi à prendre la forme arrondie que lui impose cette double matrice. Ajoutons que, pour rendre l'ouvrage plus régulier, au cours du travail, on tourne et on retourne la barre entre les deux étampes, frappant dessus chaque fois et très fermement ; et de la sorte on obtient rapidement une suite de graines exécutées avec autant de propreté, de netteté et plus de régularité que celles qu'on pourrait façonner à la lime.

Il demeure bien entendu que ce mode d'opérer n'est pas spécial à un genre unique d'ornements. Tous les autres peuvent être obtenus par ce procédé, depuis les plus artistiques jusqu'aux plus ordinaires. Veut-on étamper un fleuron ? Nos figures 23 à 32 montrent le détail des matrices qu'il faut employer, en même temps que la marche du travail. On y voit l'étampe ouverte d'abord, après cela fermée; puis la masse forgée, en second lieu dégrossie, en troisième lieu façonnée sur l'enclume et prête à être introduite dans l'étampe; ensuite telle qu'elle en sort après chacun de ses divers passages, et finalement découpée, ébarbée, ayant reçu en un mot son aspect définitif. Pour confectionner un anneau de clef, ou tout autre objet, on ne procède pas différemment. De tout temps, on s'est même servi des étampes pour fabriquer un grand nombre de pièces de serrurerie courante et de grosse quincaillerie ; et l'on en fait encore usage pour donner aux têtes de vis des formes variées, pour confectionner les vases qui surmontent et décorent certaines fiches

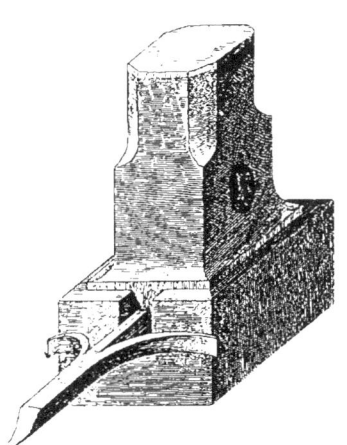

Fig. 25. — Étampe fermée.

servant pour les armoires, pour les boutons, rosaces, etc. En un mot, le serrurier emploie l'étampage toutes les fois qu'il n'a pas un procédé plus perfectionné à sa disposition, ou un moyen d'exécution plus rapide.

Les machines-outils, en effet, dans la serrurerie comme dans la plupart des autres professions de l'ameublement, ont pris depuis quelques années une importance considérable. Pour les mains courantes, les rampes de balcon, les appuis de balustrades dont nous parlions tout à l'heure, on n'a pas manqué de les utiliser. Dès la fin du siècle dernier, un serrurier parisien, nommé Chopitel, avait trouvé le moyen de substituer à l'action de l'étampe et du marteau la pression du laminoir. Le fer, dressé en barres d'un calibre convenable et porté à la température du rouge blanc, était introduit entre deux rouleaux sur l'un desquels les moulures étaient tournées en creux, et il sortait orné de profils très bien détachés. Aujourd'hui le laminoir est presque partout abandonné pour ce genre de travail, et on lui a substi-

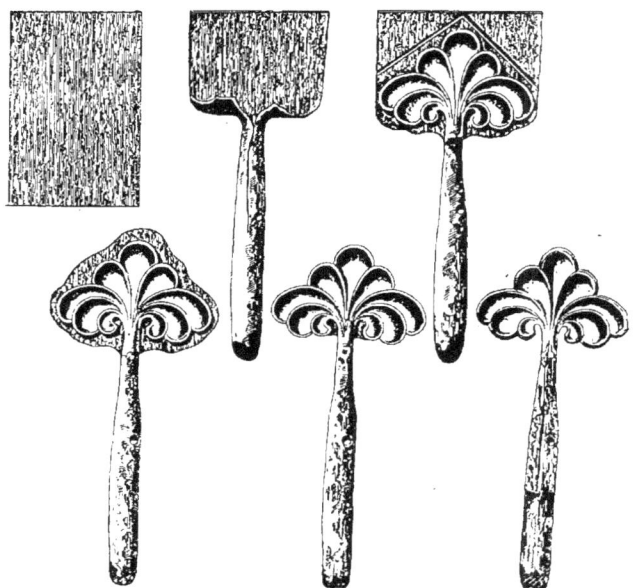

Fig. 26 à 31. — Passes successives d'un fleuron étampé. — La masse forgée. — La masse dégrossie. — Premier passage à l'étampe. — Le fleuron ébarbé. — Le fleuron découpé. — Le fleuron dégagé et terminé à la lime.

tué le rabot à vapeur, qui, à l'aide d'un mouvement de va-et-vient, entame le fer, et détachant d'énormes copeaux, abat les angles, creuse les cannelures et donne à la barre, avec une régularité parfaite, la forme que l'on souhaite d'avoir. Mais cette opération s'exécute à froid, et il nous reste encore à mentionner une dernière application de l'étampe.

Nous voulons parler de son emploi dans la fabrication des

feuillages, branchages, lambrequins, etc. Ici ce n'est plus le fer en barre qui est soumis à son action, mais la tôle rougie. On applique cette tôle sur des matrices de dimensions convenables et qui portent gravées en creux, avec l'indication des contours, les nervures ou dessins qui doivent figurer en relief. On bat au marteau, et quand la tôle a pris convenablement l'empreinte de ces dessins ou nervures, on la découpe et on la *relève*. Ces quelques indications, croyons-nous, suffisent à faire comprendre les services aussi nombreux que variés rendus par l'étampage à la serrurerie d'art.

Les deux seuls inconvénients que présente ce procédé, c'est en premier lieu que toutes les pièces fabriquées par ce moyen doivent être *de dépouille* (voir dans notre vol. de l'*Orfèvrerie,* p. 59, la signification de ce mot) ; et en second lieu, c'est qu'il ne peut être employé avec avantage que pour les ouvrages répétés à un grand nombre d'exemplaires. Sans quoi, l'établissement des matrices, qui est toujours fort coûteux, le rendrait d'un prix inabordable.

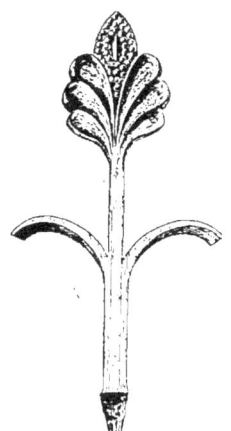

Fig. 32. — Fleuron achevé et prêt à être soudé.

VII

MANIÈRE DONT ON EXÉCUTE LES DIVERSES SORTES D'ENROULEMENTS, VOLUTES, ARCADES ET ANSES DE PANIER

Il est un genre d'ornements qui, plus encore que l'étampage, joue un rôle considérable dans la confection de ces belles grilles, de ces appuis de balcon, de ces balustrades, de ces rampes, qui constituent le triomphe de la serrurerie d'art. Nous voulons parler de ces beaux enroulements le plus souvent en forme de volute, qui donnent à ces grands ouvrages un caractère exceptionnel de richesse et d'ampleur. Ces ornements, que le serrurier désigne d'une façon générale sous le nom de *rouleaux*, s'exécutent à chaud et de la façon suivante :

Le serrurier commence par transporter sur une feuille de tôle le dessin à grandeur d'exécution, tel qu'il lui a été fourni par l'architecte ou qu'il l'a imaginé lui-même. Ce dessin consiste en un simple trait indiqué très nettement. Il sert de gabarit à l'ouvrier, et lui permet, à mesure qu'il a contourné son fer, de contrôler la marche de son travail et de la rectifier au besoin. Ceci fait, notre compagnon prend dans son étau ou, mieux encore, fixe dans la mortaise de l'enclume une solide fourchette en fer. Puis il donne une forte chaude à sa barre, la retire du feu quand elle est arrivée au rouge blanc; il l'engage dans cette fourchette, et au moyen d'une longue tige armée de dents qui porte le nom de *griffe*, il l'oblige, par une pression énergique et continue, à se rouler suivant la direction que le dessin indique, en ayant soin, à mesure que le contour se forme, de présenter le fer sur le dessin pour s'assurer qu'il en suit bien le trait.

Cette méthode, théoriquement fort simple, exige une précision de coup d'œil et une sûreté de main exceptionnelles. Seuls, les forgerons accomplis l'emploient couramment. On en pourrait même citer quelques-uns qui, dédaignant de se servir de la fourchette et de la griffe, façonnent leurs enroulements sur l'enclume avec le marteau. Mais comme il est bien rare que dans la confection d'un balcon ou d'une grille les mêmes volutes ne se trouvent pas répétées à un nombre assez considérable d'exemplaires, pour faciliter le travail et pour lui assurer en même temps une régularité plus absolue, on recourt à l'emploi des *faux rouleaux*.

On donne ce nom à un morceau de fer — façonné soit au marteau et sur l'enclume, soit à l'aide de la fourchette et

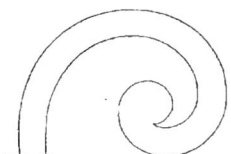 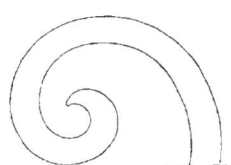

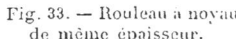

Fig. 33. — Rouleau a noyau de même épaisseur.   Fig. 34. — Rouleau sans noyau.

comme nous venons de l'indiquer — formant un enroulement dont le développement extérieur présente exactement le même contour que la partie intérieure de l'ornement que l'on veut produire. Ce morceau de fer ainsi préparé, a été préalablement soudé à une barre coudée à angle droit, dont l'extrémité inférieure, saisie par l'étau ou fixée dans la mortaise de l'enclume, permet au faux rouleau de développer sa courbe sur un plan horizontal.

Une fois en possession de cet appareil, notre serrurier s'occupe d'apprêter ses barres et d'en façonner l'extrémité soit en *aminci,* soit en *noyau saillant,* soit en *noyau de même épaisseur* (voir fig. 33 et 34), c'est-à-dire qu'il forme le point central de la volute et la partie qui, touchant à ce point central, figurera la première révolution. Ce travail préliminaire, qui fait ressembler la barre préparée à une crosse d'évêque, s'exécute sur l'enclume et avec le marteau. Lorsque le nombre des enroulements doit être considérable ou quand on veut donner plus de grâce à l'ouvrage, il arrive encore qu'on réduit l'épaisseur de la barre, l'amincissant progressivement de telle sorte qu'elle finisse presque en pointe. Cette façon, qui se donne également sur l'enclume, offre cet avantage de dégager les petites révolutions et d'empêcher leurs enroulements plus rapprochés de former une masse compacte (voir fig. 35 et 36). Elle porte le nom de *corne de bélier* lorsque le champ, s'élargissant progres-

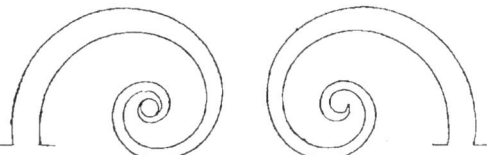

Fig. 35 et 36. — Rouleau en aminci, avec noyau saillant et sans noyau.

sivement prend a son extrémité un développement qui rappelle ce genre de cornes (voir fig. 39). Ces préparations achevées, l'ouvrier soumet de nouveau sa barre au feu de la forge, donne une bonne chaude à la portion qui doit être contournée, évitant autant que possible de chauffer les autres parties; puis, introduisant la crosse qu'il a façonnée dans l'extrémité intérieure du faux rouleau, il les lie ensemble avec une *serre,* et, saisissant la portion libre, il oblige, par une pression régulière et continue, la barre à venir s'appliquer sur la courbe décrite par le faux rouleau. Cette pression, il l'opère à l'aide de la *griffe*. Faisant appuyer une des dents de cette griffe sur le faux rouleau, et l'autre sur la barre, il contraint de la sorte son fer à suivre progressivement l'évolution décrite par le faux rouleau, jusqu'à ce qu'ayant adhéré à tous ses contours, ce fer finisse par l'envelopper d'une façon complète.

On comprend que le travail ainsi gouverné offre, avec moins de difficulté dans l'exécution, plus de régularité et de sécurité dans la pratique, que les façons données directement avec le marteau et sur l'enclume. Aussi, dans la fabrication des grilles, des balustrades, des rampes, des balcons, l'usage de ces faux rouleaux est-il d'autant plus général que, par suite des besoins de la symétrie, un même

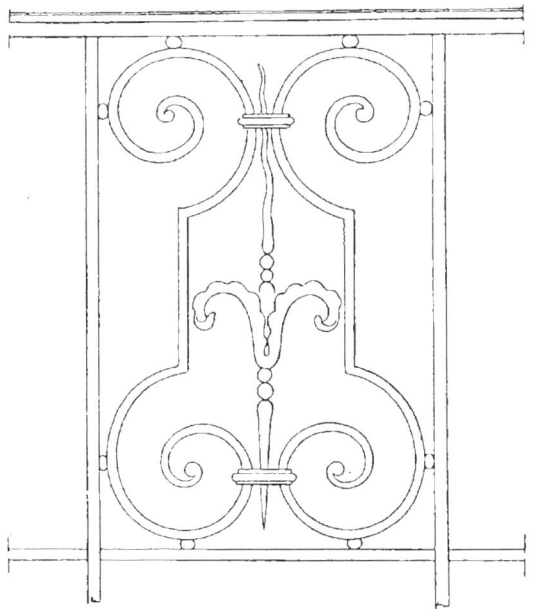

Fig. 37. — Panneau de grille décoré par la répétition de la même volute.

enroulement, nous l'avons dit, se répète un nombre de fois relativement considérable. Notre figure 37 montre comment une seule volute peut, grâce à l'alternance, se retrouver quatre fois dans un panneau de peu d'étendue, sans engendrer la monotonie. Ce que nous disons des volutes s'applique avec plus de raison encore aux *anses de panier,* aux *arcades,* aux *palmettes,* en un mot à tous ces ornements qu'on désigne d'une façon générique sous le nom de *con-*

40   LA SERRURERIE

tours, et qui tiennent une place si importante dans les grands ouvrages de la serrurerie d'art.

De ce que le travail se trouve simplifié par l'emploi de ce procédé, il n'en faudrait pas conclure, toutefois, qu'il soit devenu facile. La confection préalable du faux rouleau

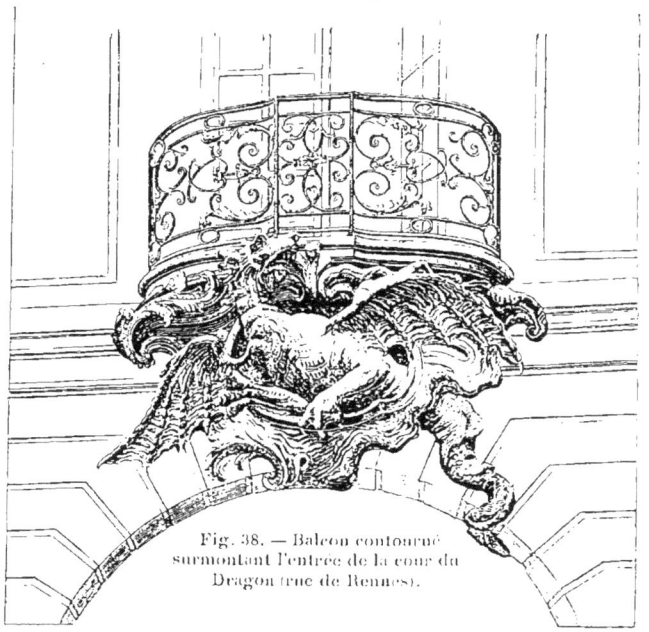

Fig. 38. — Balcon contourné surmontant l'entrée de la cour du Dragon (rue de Rennes).

exige déjà du serrurier une habileté consommée et tout autant d'expérience qu'il lui en faudrait pour forger la volute elle-même. L'application de la barre sur le faux rouleau réclame à son tour, avec une grande sûreté d'œil et de main, un bras robuste, capable d'un effort continu, et une présence d'esprit toute spéciale. Encore faut-il constater que l'opération envisagée par nous dans ce premier coup d'œil a été volontairement réduite à sa plus simple expression.

Très souvent il arrive qu'au lieu de donner naissance à un simple enroulement, une même tige sert de point de départ à deux branches qui évoluent en sens opposé. L'opération, dans ce cas, se complique d'abord d'une soudure, et ensuite de la difficulté qu'on éprouve à chauffer, à manier, à mettre en place et à presser à la griffe une pièce relativement compliquée. En outre, notre premier enroulement se développe sur un seul et même plan. Or il peut se faire que, pour les besoins de l'ouvrage, il doive être contourné en divers sens. Lorsqu'on exécute une rampe d'escalier, cette rampe doit nécessairement suivre les évolutions décrites par le limon. Lorsqu'on façonne une grille de balcon, une balustrade, il arrive souvent que cette grille ou cette balustrade présentent des retours cintrés (voir fig. 38). Parfois même les panneaux dont elles sont formées ne s'élèvent pas verticalement. Ils se gondolent à la base. Dans ce cas les contours, préalablement exécutés à l'aide de faux rouleaux, doivent recevoir au marteau des inclinaisons partielles, et l'ouvrier n'a pour se guider dans cette nouvelle opération, que le dessin tracé par lui, non plus, cette fois, sur une feuille de tôle, mais sur une masse de plâtre qui reproduit (qu'on me permette le mot) le nivellement de l'œuvre finale.

On voit combien ce travail est à la fois savant et compliqué, et quel sens artistique il réclame chez l'ouvrier qui en est chargé. Celui-ci, à chaque morceau qu'il exécute, doit avoir constamment présent à l'esprit et pour ainsi dire debout devant les yeux l'ensemble de l'ouvrage. C'est à cette condition seulement que l'œuvre peut présenter, au milieu de ses complications voulues, ce caractère d'unité qui est une des beautés principales de la serrurerie.

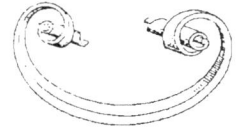

Fig. 39. — Enroulement en corne de bélier.

VIII

DES PRINCIPALES SORTES DE GRILLES ET DES CARACTÈRES QUI LES DISTINGUENT

Si l'on compare aux beaux ouvrages que nous venons de passer en revue les autres travaux que le serrurier exécute à la forge, il faut convenir que ces derniers, surtout au point de vue de l'art, semblent d'une importance bien secondaire. L'action de couper le fer, de façonner les tenons et les mortaises et de confectionner les épaulements, bien que jouant un rôle considérable dans les assemblages et par conséquent dans la confection de ces grilles, de ces balcons, de ces rampes qui sont l'honneur du serrurier et le triomphe de son art, n'exigent ni cette sûreté de coup d'œil, ni l'expérience, ni l'habileté qui sont indispensables pour combiner, préparer et exécuter les ingénieux *contours* dont il a été question dans notre précédent chapitre.

Encore faut-il ajouter que, pour la plupart de ces travaux, le serrurier ne recourt au feu de la forge que pour suppléer à l'insuffisance de qualité du métal employé par lui. S'il n'avait à traiter que des fers extrêmement doux, d'une homogénéité et d'une ductilité parfaites, il pourrait, soit à l'aide de machines appropriées à cet usage, soit en se servant d'outils en acier très fortement trempés et en attaquant directement le fer au foret ou au ciseau et en l'achevant à la lime, le tailler, le couper, le percer, le fraiser, le tourner, l'élégir, et exécuter ainsi le plus grand nombre des façons qui rentrent dans sa spécialité. Pour certains assemblages délicats, demandant à être goupillés et rivés ou vissés, il procède à froid; par contre, dans beaucoup de cas, obligé de compter avec l'aigreur du métal, c'est à chaud qu'il opère, préparant à la forge et achevant sur l'enclume les fers qu'il doit mettre en œuvre.

Pour le moment, toutefois, nous n'insisterons pas sur la manière dont s'exécutent ces diverses façons, qui, ne craignons pas de le redire, ne présentent au point de vue de l'art qu'un intérêt secondaire. Nous glisserons également sur les assemblages, bien que ces derniers jouent un rôle en quelque sorte constitutif dans les grands ouvrages de serrurerie. Pour donner plus d'attrait à cette partie toute technique, nous allons passer en revue quelques-unes de ces œuvres maîtresses. La nature des assemblages et les différentes façons que nous venons de mentionner, varient, en effet, suivant le genre de travail que le serrurier exécute. En étudiant les diverses sortes de travaux qu'on lui demande, nous trouverons l'occasion d'expliquer comment il procède pour chacun d'eux.

Au premier rang des ouvrages les plus considérables qui rentrent dans la compétence du serrurier d'art, il faut placer les GRILLES. Celles-ci peuvent être divisées en deux classes principales : 1° les *grilles extérieures,* chargées d'enclore un espace plus ou moins vaste ou de fermer une baie ; 2° les *grilles intérieures,* qui ont pour mission plus spéciale d'établir des divisions dans un local clos et couvert, et de constituer entre les différentes parties d'une même pièce des séparations à claire-voie, laissant passer la lumière et ne masquant pas la vue. Les conditions dans lesquelles ces deux sortes de grilles doivent être établies sont assez différentes pour influer considérablement sur la disposition et le choix des éléments qui les composent.

Ce qu'on réclame, en effet, des grilles extérieures, c'est d'abord la résistance. Elles forment avant tout une défense, une protection. Aussi, quoiqu'on en ait fait de très belles, — celles de la cour d'honneur de Versailles, de l'Hôtel-Dieu de Troyes, du Palais de justice de Paris, du parc Monceau, etc., en fournissent la preuve, — la beauté chez elles ne doit passer qu'après la solidité, et dans aucun cas le besoin d'élégance ne doit atténuer cette qualité primordiale. En outre, il importe que leur solidité, leur résistance, soient non seulement réelles, mais encore bien évidentes. Or les grilles extérieures sont généralement considérées de loin ; leurs barreaux, qui se détachent en noir sur des fonds clairs, toujours placés à une certaine distance, ont à lutter contre la nuance brune dont ils sont revêtus et qui rend leurs formes plus sveltes et plus grêles[1], et contre l'air ambiant dans lequel ils baignent et qui boit leurs contours. Pour leur conserver l'aspect de force, de robustesse qui légitime leur présence, il est indispensable qu'on tienne leurs fers sensiblement plus épais que ne l'exige en réalité la sécurité des espaces que l'on entend protéger.

Avec les grilles intérieures il n'est rien de pareil. Constituant, nous l'avons dit, une division plutôt qu'une défense, elles ne réclament pas cet excès de robustesse apparente, et leurs formes peuvent être délicates sans paraître fragiles. Détachant nettement leur silhouette sur des surfaces ou des objets relativement assez proches, leurs fers n'abdiquent rien de leurs dimensions réelles. De là, par conséquent, une différence radicale dans le choix des barreaux et dans la manière de les employer. Ce n'est point tout.

Isolées dans l'espace, ne se rattachant qu'accessoirement aux bâtiments qu'elles précèdent ou qu'elles enveloppent, les grilles extérieures jouissent, au point de vue de leur ornementation particulière, d'une indépendance très grande, presque absolue. Appelées, en outre, par leur position à être considérées sous les angles les plus divers, et de côté plus souvent que de face, elles exigent de grandes surfaces simples, régulières, dont la beauté consiste surtout dans l'ampleur plus ou moins magistrale de leurs proportions. C'est pourquoi les maîtres serruriers distribuent généra-

---

1. Voir pour ce qui concerne l'impression produite par les couleurs notre manuel de la *Décoration*, prop. LXVI.

lement ces sortes de grilles en travées uniformes, très sobrement décorées, et réservent toute la richesse de leur

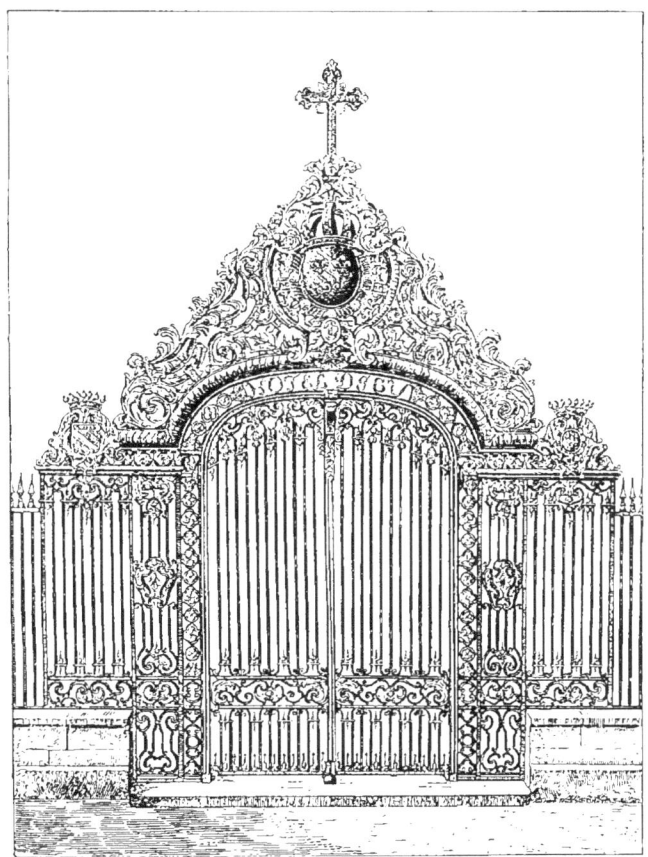

Fig. 40. — Grille extérieure de l'Hôtel-Dieu, à Troyes.

ornementation pour les entre-deux ou pilastres qui séparent les travées, et pour les portes qui en occupent le centre. En procédant de la sorte, ils agissent, du reste, très sagement. Leur ouvrage, grâce à cette disposition logique, gagne en unité. Les travées formant des *repos* font mieux valoir la décoration des pilastres, des entre-deux et des portes. De plus, il est aisé de se rendre compte de la confusion que produirait une grille très ornée considérée en raccourci. L'enchevêtrement de ses lignes deviendrait incompréhensible, et l'accumulation des détails enlèverait à l'ouvrage tout aspect de solidité et tout caractère de grandeur. Les grilles qui bordent la grande galerie du Louvre et celles qui entourent l'hôtel de ville, bien qu'elles mesurent seulement 1^m,20 de haut, rendent cette constatation facile. Enfin, même lorsque le rôle de ces défenses se borne à clôturer une baie et qu'elles tiennent à la construction, leur caractère protecteur domine encore leur aspect décoratif; sans compter que, pour ne point diminuer le jour et ne pas empêcher la vue, elles sont tenues à une grande simplicité. Les ornements seraient en effet déplacés dans leur confection, puisqu'ils sont incommodes.

Quand elles sont, au contraire, enfermées dans un édifice, les grilles ne jouissent pas à beaucoup près d'une pareille indépendance. Se trouvant intimement liées à la décoration générale, elles sont tenues de participer à la magnificence du lieu, et de s'inspirer de son style. N'ayant jamais à enserrer d'espaces considérables, leur développement, forcément limité, permet de les fractionner en panneaux de proportions convenables, qui, considérés toujours séparément, constituent chacun un ensemble distinct, et conservent ainsi leur autonomie décorative. En outre, par suite de l'étroitesse du lieu et de l'impossibilité d'un recul indéfini, le spectateur se trouve amené à les contempler presque de face, et en dehors de ces vues latérales, en raccourci, qui occasionnent des déformations inévitables. On voit, par ces quelques observations, que les conditions de dessin et de construction des grilles intérieures diffèrent diamétralement de celles des grilles extérieures. Il en est de même pour les ornements qui embellissent ces sortes d'ouvrages.

Contemplées à distance, les grilles extérieures exigent, dans la disposition générale aussi bien que dans l'exécution des culots, rinceaux, palmes et fleurons, une certaine ampleur, et tolèrent même quelques négligences de facture. Ce sont les grandes lignes de la décoration qui frappent l'œil, et non pas la précision du détail, qui, considéré de loin, se trouve noyé dans la masse. Exposées à toutes les intempéries, les grilles extérieures — pour être protégées contre la rouille destructive — doivent, en outre, être enduites de *minium* et recouvertes de peinture à l'huile. Or les couches successives de cette peinture épaississent et empâtent les ornements. Il est donc indispensable de les traiter d'une façon grasse et sommaire.

Placées au contraire sous l'œil et à portée de la main, les grilles intérieures doivent présenter une ornementation fine, délicate, achevée. N'ayant rien à redouter des frimas, non seulement elles n'ont aucun besoin d'être protégées par un enduit isolant, mais elles peuvent même être polies, — comme cela se voit à l'admirable grille du chœur de Saint-Germain-l'Auxerrois et à l'appui de communion de Saint-Pierre de Chaillot, — sans que leur entretien exige des soins excessifs. Ainsi la diversité dans l'appropriation entraîne une différence complète, absolue, dans l'esthétique de ces grandes œuvres. Nous verrons bientôt que ces observations s'étendent à tous les ouvrages similaires, et qu'il en est de même pour les grillages, rampes, balustrades, etc., dont la forme et la décoration varient suivant la destination qu'on leur réserve. Aussi le dessinateur auquel on demande un projet, doit-il, avant tout, s'enquérir de l'emplacement qu'occupera l'ouvrage dont on veut bien le charger, et du rôle qu'il est appelé à remplir.

IX

LES GRILLES ORDINAIRES

Extérieures ou intérieures, les grilles communes, réduites à leur expression la plus élémentaire, sont d'une construction relativement simple. Elles consistent en un certain nombre de barreaux ou de verges faisant l'office de montants et qui viennent s'assembler dans des traverses. Ces traverses, qu'on désigne d'une façon générale sous le nom de *sommiers,* peuvent, en haut et en bas, terminer l'ouvrage et lui servir d'amortissement. Plus généralement elles laissent déborder les barreaux, au moins d'un côté, et dans ce cas, pour consolider le travail, on a soin de goupiller ensemble barreaux et traverses. Ainsi, pour construire une grille, il nous suffira de prendre le nombre nécessaire de barreaux carrés, de les choisir de force et de taille proportionnées à l'importance de l'ouvrage, et de choisir également deux barres méplates de largeur et de longueur convenables pour servir de sommiers. Cela fait, de distance en distance, à l'aide du foret, du ciseau, de la lime, nous pratiquerons, à froid, dans les traverses, des mortaises carrées de dimensions suffisantes pour laisser passer nos barreaux. Nous goupillerons ceux-ci aux traverses, et, les terminant à leur partie supérieure soit en pointe soit en *flamme*[1], nous posséderons de la sorte une grille assurément grossière, mais qui, retenue par les extrémités de ses sommiers dans de solides jambages de maçonnerie, nous fournira une clôture très résistante. Les grilles qui ferment les arcades du Garde-Meuble et du Ministère de la Marine, sur la place de la Concorde, peuvent donner une idée de ces sortes de travaux.

1. On nomme *barreaux en flamme* ceux dont la partie supérieure forme des courbes ondoyantes.

Supposons maintenant qu'au lieu d'employer, suivant l'usage adopté au XVIIe et au XVIIIe siècle, des barreaux carrés pour former nos montants, nous donnions la préférence à des verges rondes, comme on l'a fait depuis cinquante ans pour un grand nombre de promenades publiques, notamment pour les Tuileries, le Luxembourg, le jardin de l'Infante (au Louvre), etc., le problème, bien loin de se compliquer, semblera au contraire plus facile à résoudre, puis-

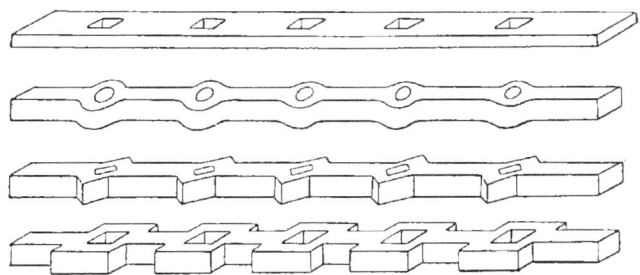

Fig. 41 à 44. — Sommiers préparés pour recevoir les barreaux d'une grille.

que, au lieu d'avoir une mortaise carrée à élégir, nous n'aurons qu'un trou rond à percer.

Le devoir du serrurier, toutefois, est, dans ces grands travaux, d'aller autant que possible à l'économie. Ne pouvant réduire le nombre des verges ou des barres, ni diminuer leur épaisseur sans enlever aux grilles non seulement leur solidité apparente, mais leur force réelle, il s'est appliqué à ne donner aux sommiers que la largeur indispensable. Pour cela, au lieu de creuser à froid les sommiers, on les fait rougir à la forge, et, à l'aide d'un mandrin, de même calibre que les montants, enfoncé à grands coups de marteau, on perce la barre de part en part sans aucune perte de métal. Celui-ci, refoulé par le mandrin, s'évase, formant autour une sorte de nœud ou d'anneau qui, convenablement réparé, ajoute à l'intérêt et à la solidité de l'ouvrage.

Ces nœuds, en effet, outre qu'ils rendent les traverses plus robustes, atténuent en partie la fatale monotonie de leur longue horizontalité. Lorsqu'à la place de verges on emploie des montants carrés, au lieu d'arrondir les nœuds formés par le refoulement du métal, on les façonne de telle sorte qu'ils présentent des côtés saillants et des angles coïncidant avec ceux des barreaux. Ainsi, soit que ces derniers offrent un de leurs côtés en façade, soit qu'au contraire ils montrent un de leurs angles[1], les ressauts de la traverse accompagnent les contours des barreaux, si bien qu'une nécessité de construction se trouve transformée de cette manière en une sorte d'ornement qui n'est pas sans charmes.

Bien mieux, l'œil s'est tellement habitué à cette succession de renflements qui donnent aux faces latérales des sommiers un air de vaillance et de force que, même dans les ouvrages où ils ne sont pas indispensables, leur présence paraît désirable, de telle sorte qu'aujourd'hui, pour les grilles soignées, en forgeant les sommiers, on ménage de distance en distance des renflements qu'on façonne avec soin et au milieu desquels, quand on ne les a pas préalablement réservés à la forge, on perce après coup des trous ronds ou des mortaises.

Nous avons dit que les grilles ainsi construites étaient maintenues en place par les extrémités de leurs sommiers. Ceux-ci, armés de crampons, sont solidement scellés dans les jambages de maçonnerie qui limitent l'étendue des travées. Mais ces scellements, surtout lorsque les travées sont d'une certaine longueur, ne suffiraient pas à leur assurer la force nécessaire pour résister sur toute leur étendue à des

---

1. Cette disposition n'est pas ordinaire. Cependant on peut voir à la Bibliothèque Nationale (du côté de la rue Vivienne) et au Val-de-Grâce de belles grilles qui présentent en façade l'angle de leurs barreaux montants.

poussées énergiques. Aussi, pour augmenter la résistance, a-t-on soin d'arrêter l'extrémité inférieure des barreaux

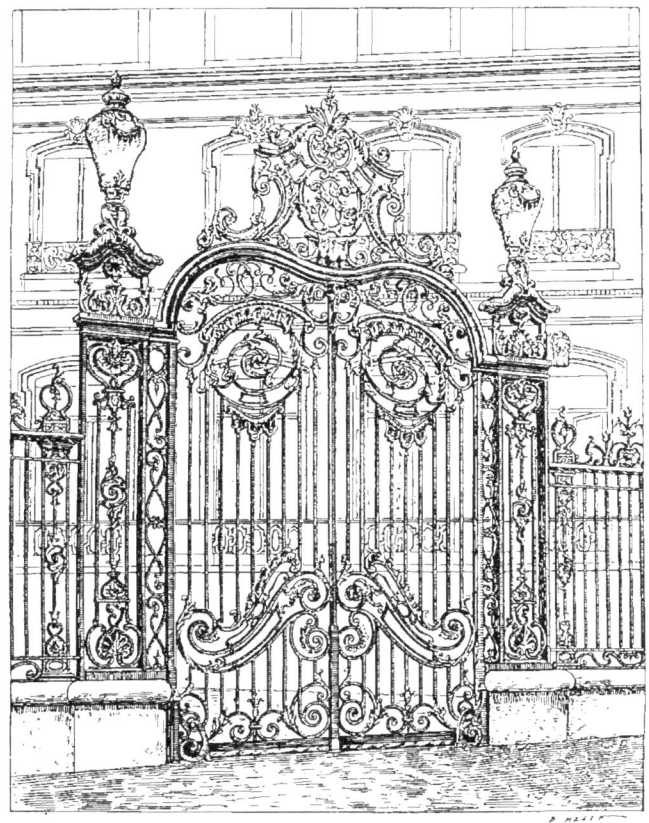

Fig. 45. — Grille extérieure exécutée par la maison Roy (rond-point des Champs-Élysées).

dans le sommier d'en bas et d'encastrer celui-ci de toute son épaisseur dans une suite de tablettes de pierre de taille qui servent ainsi de base à l'ouvrage. Cette précaution est surtout usitée dans la confection de ces grilles qui couronnent un petit mur d'appui et telles qu'on en peut voir à la terrasse des Feuillants et au Luxembourg. En outre, et pour accroître la solidité, de distance en distance on fortifie les travées soit par l'adjonction de contreforts droits qui, s'adaptant à un des barreaux, viennent ensuite, à l'aide d'une sorte de fourche solidement scellée, enserrer l'épaisseur du mur d'appui, soit au moyen d'arcs-boutants, employés surtout dans le voisinage des portes, pour assurer l'aplomb des montants qui en subissent le battement, ou encore lorsque les grilles descendent jusqu'à terre.

Ces arcs-boutants, qui prennent ordinairement la forme de consoles renversées, dont la volute, dans son grand développement, vient buter sur le sol, se transforment entre les mains des serruriers habiles en un motif d'ornement à la fois riche et gracieux. Habilement dissimulés par les barreaux dans l'axe desquels ils sont placés, on ne les aperçoit pas, quand on contemple la grille de face, en sorte que tout l'ouvrage a l'air de tenir debout comme par enchantement. Ils communiquent cependant aux grilles une solidité et un aplomb qui leur permettent de résister pendant des siècles à tous les chocs. Les arcs-boutants qui maintiennent les belles arcades dont Lamour a entouré la place Stanislas à Nancy, aussi bien que ceux qui consolident la grande porte de Paris à Reims, montrent que les grilles ainsi soutenues peuvent braver impunément l'action du temps et les injures des hommes.

Toutes les grilles dont nous avons parlé jusqu'ici sont, au point de vue de la fabrication, d'un modèle en quelque sorte rudimentaire. Elles se composent uniquement de barreaux ou de verges convenablement choisis, réunis en haut et en bas par une traverse. Mais soit qu'on veuille rendre l'ouvrage plus solide, soit qu'on désire simplement ajouter à sa beauté, le plus souvent, au lieu d'une seule traverse, on en place deux à chaque extrémité, et pour orner davantage la grille, on garnit les entre-deux en forme de rectangles qui se trouvent ainsi formés au sommet et à la base de la travée, soit de cercles de fer, soit d'anses de panier adossées ou affrontées, soit de tout autre motif du même genre, exécuté généralement en fer méplat, et qu'on fixe aux barreaux et aux traverses à l'aide de rivets ou de vis.

L'ensemble de l'ouvrage, grâce à ces adjonctions, perd son caractère de simplicité pour prendre un aspect plus décoratif. Le travail, toutefois, ne subit pas de modifica-

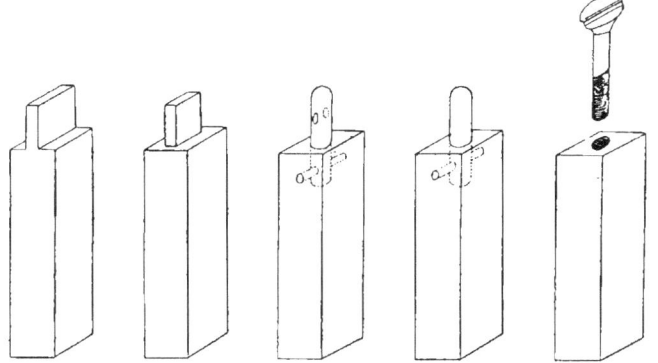

Fig. 46 à 50. — Diverses sortes d'assemblages usités dans la confection des grilles. — Assemblage à tenon d'épaisseur, — à tenon réduit, — à tenon rapporté, — à tenon rapporté et à prisonnier, — à vis.

tions sérieuses. Que la grille comporte deux ou quatre sommiers, théoriquement l'assemblage des barreaux reste le même. Dans la pratique, toutefois, où l'on cherche à obtenir trop souvent de la grâce aux dépens de la qualité, on recourt à certaines simplifications qui permettent d'apporter dans l'exécution plus de rapidité et plus d'économie.

Bien que de toutes les grilles les plus solides soient, sans contredit, celles dont les montants sont, du haut jusqu'en bas, formés d'un seul morceau et passent tous au travers des barres transversales, néanmoins il arrive parfois que les barreaux vont seulement d'un sommier à l'autre. Dans ce cas, au lieu de pratiquer dans les deux sommiers extrêmes des mortaises de la taille des barreaux montants, on se borne à percer ces sommiers de trous ronds, et on amincit sur l'enclume l'extrémité des barres, de façon qu'elles se terminent en *lardons*. Ces lardons, de même calibre que le trou pratiqué, doivent être de suffisante longueur pour pouvoir aller, au delà du sommier, s'engager dans une pièce rapportée servant d'amortissement et qu'on a préalablement façonnée à l'étampe, soit en pointe de flèche, soit en fer de lance, soit en feuille de lotus, soit en boule[1], etc. Pour la partie basse on procède de même, et le *lardon*, après avoir traversé le sommier inférieur, vient s'emboîter dans un ornement en forme de culot, de pied de lance, de bout de canne, etc. Quand le travail a été exécuté avec précision et que la pièce d'amortissement est soigneusement goupillée, l'ouvrage, tout en étant moins résistant, ne laisse pas que d'être encore d'une solidité convenable, et un œil exercé peut seul découvrir ce stratagème économique.

Cette façon de procéder, assez généralement employée, comporte certaines variétés qui sont, elles aussi, d'un courant usage. Veut-on donner plus de solidité à cette sorte d'assemblage : au lieu d'un trou rond pratiqué dans sa traverse, le serrurier façonne une véritable mortaise carrée d'un calibre sensiblement plus étroit que la largeur du fer. Cela fait, il ébauche sur l'enclume et finit à la lime l'extrémité de son montant, le terminant non plus en lardon, mais en tenon carré. Cette modification complique assurément la besogne, mais elle offre cet avantage que le barreau, retenu par ses angles saillants dans le calibre de la double mortaise pratiquée dans le sommier et dans la pièce d'amortissement, est plus solidement fixé, et que les diverses parties ainsi assemblées n'ont aucune possibilité de tourner,

---

1. La grille qui entoure le palais de la Bourse fournit un exemple de la façon dont se fabriquent ces simplifications économiques.

alors même que la goupille retenant le tout viendrait à être rongée par la rouille et à se rompre.

Si cette façon est plus compliquée, il en est d'autres plus simples. Le serrurier, en effet, dans bien des cas et surtout quand il s'agit d'ouvrages très ordinaires, au lieu de forger en tenon ou même en lardon l'extrémité de son barreau montant, le coupe net et le perce d'un trou rond correspondant comme diamètre à ceux dont il a préalablement gratifié la traverse et la pièce d'amortissement. Cela fait, il façonne une forte goupille, à laquelle il donne le nom de *tenon rapporté,* et qui joue à peu près dans ces sortes d'assemblages le même rôle que le tourillon dans la menuiserie. Traversant le sommier de part en part, elle ressort de chaque côté et pénètre à la fois dans le barreau montant et dans la flèche d'amortissement où, goupillée à ses deux extrémités, elle réunit et maintient les trois pièces.

Est-il nécessaire de faire remarquer qu'aucun motif, aucune raison, n'exigent que ces diverses simplifications du travail se manifestent à l'œil d'une façon apparente? N'ajoutant rien à la qualité ni à la solidité de l'œuvre, elles doivent au contraire — lorsqu'on y recourt — être autant que possible dissimulées. C'est pourquoi le dessinateur, s'il est tenu de savoir que, grâce à certaines pratiques, le prix d'exécution de son modèle peut subir quelque atténuation, n'a par contre à se préoccuper, ni dans l'établissement de son plan général, ni dans le tracé de ses épures, de ces artifices de fabrication, que le serrurier emploie sous sa responsabilité, et dont l'opportunité relève uniquement de sa compétence.

Il n'en est pas de même pour les autres assemblages dont il va être question, et qui exercent une influence directe sur l'ordonnance des grands ouvrages de serrurerie.

X

DES CONDITIONS DE SOLIDITÉ QUE DOIVENT REMPLIR LES GRILLES EXTÉRIEURES, ET DE DIVERS MODES D'ASSEMBLAGE USITÉS DANS LEUR CONSTRUCTION.

Une des principales préoccupations de l'artiste qui dessine le modèle d'une grille extérieure et du serrurier qui en combine les éléments, doit être — nous l'avons dit — d'assurer la force de résistance de son ouvrage. Le rôle de ces sortes de clôtures, on ne saurait trop le répéter, est essentiellement protecteur. De cette considération primordiale découlent certaines exigences de construction, parmi lesquelles il convient de mentionner en première ligne la nécessité de n'employer que des fers d'une grosseur suffisante pour pouvoir, sans être faussés, résister aux pesées du dehors, et en second lieu l'obligation de régler la distance des barreaux de façon qu'ils ne puissent, même en subissant un léger écartement, livrer un passage à des personnes malintentionnées. Cette double exigence exerce naturellement sur la conception de l'œuvre, sur la disposition de ses lignes principales et sur sa tenue définitive une décisive influence. Enfin, il importe également que la grille présente à son sommet un obstacle en quelque sorte infranchissable.

La grosseur des fers devrait, semble-t-il, se trouver réglée par la hauteur de la grille et, par conséquent, par la longueur des barreaux. Il est clair, en effet, que ceux-ci doivent être d'autant plus épais qu'ils sont plus allongés, car la pression d'un levier sur une tige de fer a d'autant plus d'action pour la fausser, que les assemblages chargés de maintenir cette tige sont placés à une plus grande distance. La solution de ce problème assez facile, surtout de nos jours où la résistance des matériaux est si

LA SERRURERIE

bien connue, — permettrait de modifier d'une grille à l'autre l'épaisseur des barreaux et d'introduire dans les ouvrages de serrurerie une variété qui en augmenterait le charme. Mais, soit esprit de routine, soit indifférence, soit crainte de multiplier les épaisseurs des fers et de s'obliger ainsi à un assortiment et à des approvisionnements plus considérables, les serruriers ont réduit à un petit nombre de types les barreaux et les verges dont ils se servent couramment[1]. Comme les grilles n'ont pas une hauteur indéfinie, — peu d'entre elles dépassent 3 à 4 mètres de développement entre les deux sommiers, — et comme on a remarqué qu'un barreau de $0^m,0275$ à $0^m,030$ de côté offre une résistance suffisante même avec cette longueur extrême; comme d'autre part on a constaté qu'un écarte-

---

1. Pour plus d'exactitude, nous avons tenu à mesurer nous-même l'épaisseur des verges et barreaux d'un certain nombre de grilles de types très différents, et nous avons trouvé qu'à l'exception de celle qui orne la façade du Palais de justice et qui, par suite de la destination du lieu qu'elle clôture, est d'une force exceptionnelle, la différence existant entre ces diverses grilles est beaucoup moindre qu'on ne le supposerait au premier abord.

	LARGEUR DES FERS	ÉCARTEMENT
Palais de Justice	0,040	0,105
Jardin du Luxembourg (V)	0,035	0,130
Jardin des Tuileries (V)	0,035	0,130
Biblioth. Nationale, rue des Petits-Champs	0,030	0,130
Bibliothèque Nationale, rue Vivienne (D)	0,030	0,130
Palais-Royal, grilles intérieures	0,030	0,120
Place Royale (V)	0,030	0,140
Jardin de Cluny	0,028	0,125
Val-de-Grâce (D)	0,028	0,107
Palais de Versailles	0,027	0,120
Garde-Meuble	0,027	0,125

Les lettres (V) désignent celles d'entre ces grilles dont les montants sont formés par des verges rondes; les lettres (D), celles dont les barreaux sont disposés diagonalement.

ment de 0^m,120 à 0^m,130 alors même qu'on l'augmenterait de la déviation que peuvent subir des barreaux pressés par un fort levier, ne saurait livrer passage à la tête d'un adolescent de douze à quinze ans, et à plus forte raison à celle d'un adulte, on s'est arrêté à ces deux chiffres approximatifs, et presque toutes les grilles extérieures, quelle que soit leur hauteur, sont faites de barreaux mesurant de 0^m,0275 à 0^m,030, avec un écartement variant de 0^m,120 à 0^m,130. Toutefois quand on fait usage de verges, la grosseur est tenue un peu plus forte. Cela se comprend. A diamètre égal, le fer rond a, comme résistance en moins, celle des quatre angles qui ont été abattus. En outre, les barreaux, étant presque toujours considérés diagonalement, offrent au champ visuel un espace plus vaste, et leurs angles arrêtant la lumière présentent un aspect plus robuste que les contours fuyants d'un cercle.

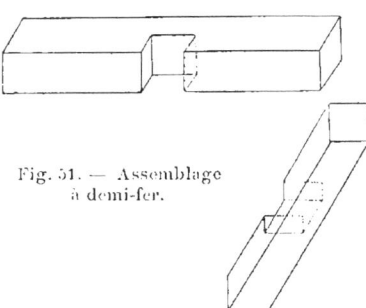

Fig. 51. — Assemblage à demi-fer.

Pour les grilles de moindres dimensions, dont la hauteur ne dépasse pas 1^m,75 à 2 mètres, il semble qu'on pourrait choisir des barreaux sensiblement plus minces. Cependant soit que l'œil, habitué aux proportions que nous venons d'indiquer, réclame des fers d'une certaine grosseur, soit qu'on tienne à conserver à l'ouvrage toute son apparence de force, les barreaux qu'on emploie couramment pour ces sortes de grilles sont rarement d'un diamètre inférieur à 0^m,0275 ou à 0^m,025, extrême limite. Ajoutons que cette réduction, malgré son peu d'importance, suffit sans doute à alarmer le serrurier soigneux, car celui-ci s'empresse de compenser cet affaiblissement des montants par une diminution de leur écartement. De cette façon, la sécurité n'est en rien compromise. Mais cette profusion de barreaux, surtout lorsqu'ils sont très rapprochés, oblige le serrurier de recourir à d'autres modes d'assemblages.

Ne pouvant multiplier à l'infini les mortaises qui percent

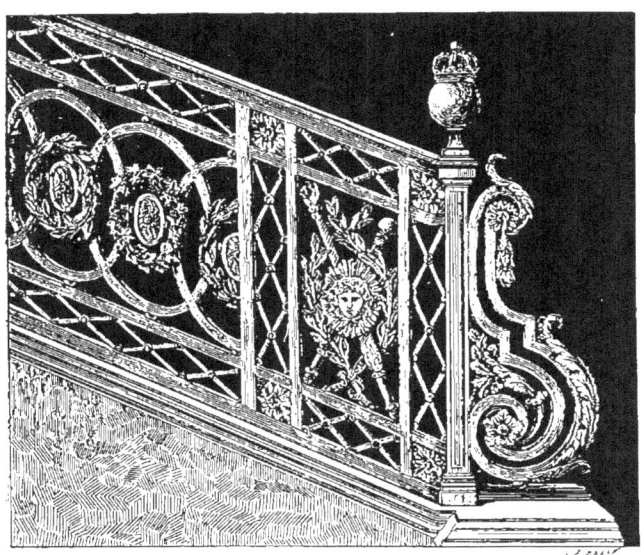

Fig. 52. — Rampe d'escalier du palais de Compiègne (exemple d'assemblage à demi-fer).

ses traverses et les nœuds ronds ou rectangulaires qui font à ces mortaises une sorte de ceinture, — ce qui enlèverait toute tranquillité d'aspect à ses sommiers, — il évite cet inconvénient en assemblant ses barreaux à demi-fer, opération qui se pratique de la façon suivante. Il entaille, soit à froid soit à chaud, le barreau et le sommier à la place où ils doivent se joindre, de façon que les deux entailles s'adaptent exactement et que les deux fers, s'emboîtant l'un dans l'autre, paraissent, quand ils sont réunis, ne

former qu'un seul morceau disposé en croix (voir fig. 51).
Cela fait, et pour empêcher les deux barreaux de se disjoindre, il les goupille avec soin.

Nous croyons inutile de faire remarquer que ce genre d'ouvrage n'est praticable qu'avec des fers de même largeur. Il est indispensable, en effet, que le montant et la traverse soient bien de calibre égal, sans quoi l'un débordant l'autre, révélerait avec un peu trop d'évidence la manière dont les deux barreaux ont été réunis. Enfin lorsque, pour une raison particulière, on est obligé d'employer comme montants des fers méplats, on doit s'arranger de façon que le petit côté soit placé en façade, de telle sorte que les dimensions du barreau et du sommier coïncident parfaitement sur les points où ils se trouvent en contact [1].

L'assemblage à demi-fer, bien exécuté, est très propre, agréable à l'œil et suffisamment solide, moins toutefois que celui précédemment décrit. Aussi, pour augmenter la résistance de l'ouvrage, le serrurier fait-il parfois alterner ces deux modes d'assemblage, s'arrangeant de façon que sur deux montants successifs l'un traverse intégralement le sommier, alors que le suivant s'assemble avec celui-ci moitié par moitié en plein fer. On obtient ainsi des grilles d'un très heureux effet, et dont l'aspect général gagne en variété et en originalité. La clôture qui entoure le chevet de

1. Cette dernière disposition présente en outre cet avantage de donner plus de robustesse apparente à l'ouvrage, parce que celui-ci est très rarement envisagé géométralement, mais au contraire considéré le plus souvent de trois quarts ; de manière que, les fers disposés comme nous venons de le dire étant presque toujours vus sur leur grand côté, l'ensemble de l'ouvrage paraît plus solide. C'est pour cette même raison que les barreaux assemblés carrément semblent plus épais que ceux placés d'une façon diagonale. Ces derniers, vus de côté, ne présentent qu'une de leurs faces, alors que les autres en montrent deux. Or — nous ne saurions trop le redire — les grilles extérieures sont généralement envisagées en raccourci, et apparaissent très rarement dans leur développement géométral.

l'église Saint-Vincent-de-Paul est un exemple du bon parti que l'on peut tirer de ces alternances[1].

Bien que ces sortes de travaux assez délicats soient réservés généralement pour les grilles particulièrement soignées, les serruriers du xviie et du xviiie siècle, auxquels on doit tant de magnifiques ouvrages, se sont parfois servis des assemblages à moitié fer dans la confection des rampes d'escalier, — témoin la belle rampe de Compiègne (voir fig. 52), formée d'ovales assemblés de cette façon, — mais surtout pour clore des baies, des soupiraux, des impostes, et pour défendre l'accès des fenêtres situées aux étages inférieurs. Ces dernières clôtures, devenues presque rares de nos jours, sont demeurées jusqu'à la fin du siècle dernier, et en province particulièrement, fort répandues. Le plus souvent l'ordonnance en était assez simple. Pour interdire l'escalade par les croisées, on se bornait à sceller dans la maçonnerie des tableaux, deux ou trois traverses qui, préalablement percées de mortaises, étaient garnies d'une demi-douzaine de barreaux présentés diagonalement et scellés eux aussi à leurs extrémités, ou se terminant en pointe. Lorsque la fenêtre grillée appartenait à un étage supérieur, pour permettre aux personnes de l'intérieur de se pencher et d'apercevoir ce qui se passait au-dessous d'elles, on cintrait les barreaux de façon que, la partie supérieure des montants continuant de demeurer dans l'embrasure, la partie basse, au contraire, débordait en dehors et faisait saillie sur la rue. Mais à côté de ces ouvrages tout à fait courants, on en fit de plus artistiques et de plus soignés, et le serrurier recourut, comme nous venons de le dire, à l'assemblage à moitié fer, qui, supprimant les saillies et plaçant tous les barreaux au même plan, permet d'exécuter

---

1. Cette grille présente cette particularité que les barreaux assemblés à mortaise sont de même grosseur que les sommiers, alors que ceux à moitié fer sont légèrement méplats ; ce qui ajoute encore à la variété de l'ouvrage.

des entrelacements compliqués et de les rendre très agréables à l'œil.

C'est, en effet, grâce à cette sorte d'assemblages que s'obtiennent ces belles combinaisons de rinceaux qui se pénètrent et se coupent, sans que les fers présentent à leur point de rencontre aucune augmentation d'épaisseur. C'est grâce à eux que l'on peut construire ces clôtures quadril-

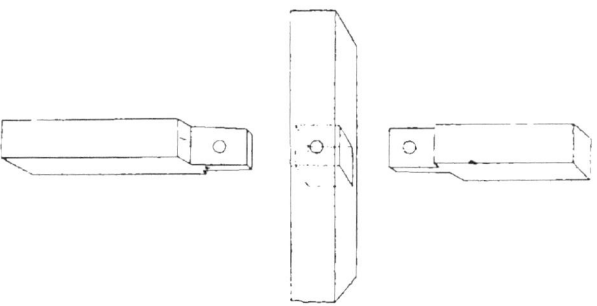

Fig. 53. — Assemblage en deux parties.

lées où les traverses, aussi nombreuses que les montants, s'assemblent avec ces derniers sans qu'on puisse apercevoir la trace de leur pénétration réciproque. Beaucoup de ces dernières grilles, jadis fort usitées dans les couvents pour les parloirs de religieuses, sont d'une exécution tellement soignée, qu'on ne peut se défendre d'une réelle estime pour les serruriers qui, dans des travaux courants, savaient pousser si loin la précision de leur art. Les barreaux, parfaitement équarris et dégauchis, ont été entaillés avec une exactitude si absolue aux endroits où ils devaient se croiser, et ces entailles à moitié d'épaisseur ont été perfectionnées à la lime avec une telle régularité, qu'une fois les barres assemblées et réunies par des goupilles soigneusement arasées, les joints deviennent en quelque sorte invisibles, et qu'il est désormais impossible à des yeux inexpérimentés, de distinguer la façon dont a été exécuté ce curieux assemblage[1]. Parmi les ouvrages anciens, nous citerons dans ce genre les grilles qui, au Val-de-Grâce, clôturent les chapelles où les religieuses, autrefois, assistaient aux offices, surfaces considérables auxquelles les serruriers Mouchy et Mathérion, pour leur enlever sans doute tout aspect rébarbatif, ont donné l'aspect d'un treillage de jardin[2].

Mais cette perfection de travail, bien qu'elle constitue un genre de beauté très appréciable, ne forme qu'une des qualités dont les grilles doivent être pourvues. Leur premier mérite, nous n'avons cessé de le répéter, c'est la résistance. Pour augmenter celle-ci, le serrurier, dont l'ingéniosité est toujours tenue en éveil, parce que tout en ses curieux travaux s'exécute à la main, le serrurier imagina de faire alterner les entailles pratiquées sur chaque barreau, de manière que la même face présentât tour à tour, au point de rencontre, tantôt une entaille et tantôt une *joue*. On comprend quel redoublement de solidité résulta de ces alternances, produisant une sorte d'enchevêtrement qui, une fois les barreaux bien goupillés et scellés à leurs extrémités, devenait inextricable.

Un autre mode d'assemblage à la fois savant et compliqué peut être également employé pour la confection de ce genre de grilles. Nous voulons parler de l'*assemblage en deux parties,* qui réunit les extrémités de deux barreaux dans une traverse de même épaisseur. Pour exécuter cette sorte d'assemblage, on *débouche* dans la traverse une mor-

---

1. Ces sortes de travaux, jadis assez usités, sont devenus d'une grande rareté, et parmi les grilles confectionnées dans ces dernières années, on ne pourrait guère citer que le soubassement des grilles de l'Hôtel-Dieu donnant sur le Parvis, et les portes du *Crédit Lyonnais* (façade du boulevard), qui soient exécutées par ce procédé. Encore pour ces dernières le serrurier, se conformant aux indications de l'architecte, a-t-il dissimulé ses points d'assemblage par l'adjonction d'un fleuron, qui empêche de juger la précision de l'ouvrage.

2. Ces belles grilles furent achevées et mises en place en 1667.

taise de longueur convenable et aussi large que possible, et l'on pratique sur l'extrémité des barreaux qui doivent venir se joindre dans cette mortaise, deux tenons taillés en biseau, de dimensions convenables pour la remplir exactement. Une fois les deux tenons en place, on goupille le tout, et quand le travail est bien soigné, on obtient un ouvrage très propre[1]. Mais ce sont là des façons délicates, par suite assez coûteuses, et d'autant moins usitées que cette fragmentation des barreaux ne saurait profiter à la solidité de l'œuvre.

L'assemblage à moitié fer et l'assemblage en deux parties ne sont, au surplus, que l'application de procédés modernes, et par conséquent perfectionnés, à un genre de grilles très compliqué et qu'on trouve usité dès le Moyen Age. Nous voulons parler des *grilles entrelacées,* ainsi nommées parce qu'alternativement les montants passent au travers des traverses et les traverses au travers des montants. Ces clôtures, très difficiles à exécuter, ne furent guère utilisées à cette lointaine époque, que pour *serrer* certains logis qu'on voulait rendre particulièrement inaccessibles, et pour enlever aux reclus de quelques couvents ou aux prisonniers de marque enfermés dans de ténébreux cachots, toute idée d'évasion et toute pensée de retour au monde extérieur. Mathurin Jousse, qui, dans sa *Fidelle ouverture du serrurier,* s'est attaché à parler plus spécialement de ce qui lui paraissait le plus difficile dans son art, nous a conservé le dessin de deux grilles de ce genre. Duhamel du Monceau rapporte également qu'il en vit une à Brest et qu'il la démonta. Ce double témoignage dit assez quelle importance les hommes les plus compétents du XVIIe et du XVIIIe siècle attachaient à cette sorte de travaux[2]. L'aug-

---

1. La porte qui donne accès dans le chœur du Val-de-Grâce présente à sa partie centrale une traverse dans laquelle les montants du haut et du bas viennent ainsi s'assembler.

2. Ces grilles passaient au XVIIe et au XVIIIe siècle pour tellement

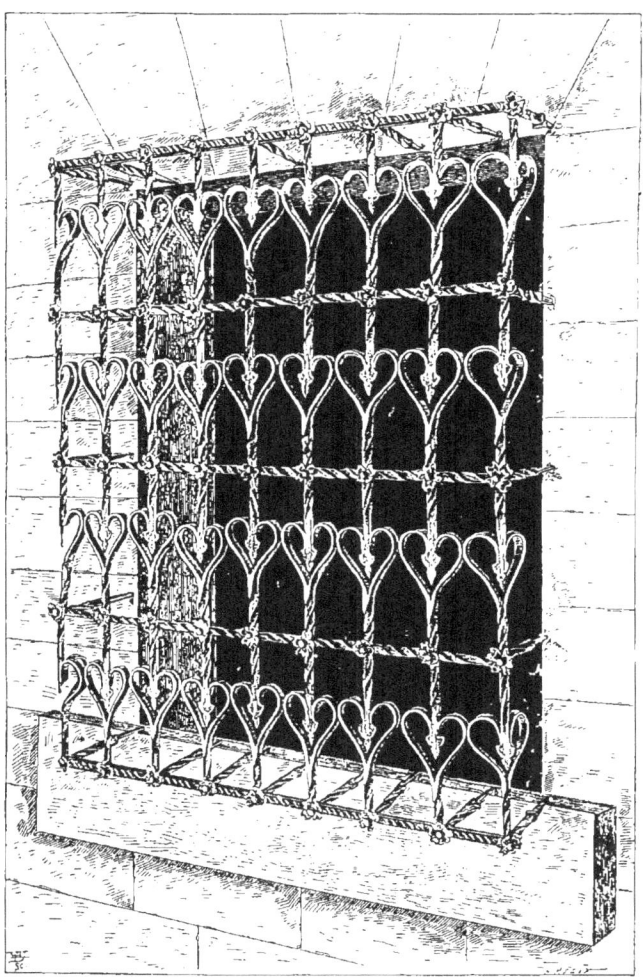

Fig. 54. — Grille provenant de la maison de Jacques Cœur, à Bourges (exemple de grilles entrelacées).

mentation de main-d'œuvre, et par suite de dépense qu'exige la confection de ces grilles entrelacées, se justifie dans une certaine mesure par le surcroît de sécurité qu'elles offrent. Et, en effet, lorsque les montants se bornent à traverser les sommiers, soit qu'on ait pris soin de les sceller en haut et en bas, soit même qu'on les ait assemblés à tenon et mortaise et rivés à des traverses enclavées dans des plates-bandes de pierre, il suffit de scier un de ces barreaux à ses deux extrémités, pour pouvoir le tirer et l'enlever. Avec les grilles entrelacées, rien de pareil ne peut se produire. Mais cet avantage, pour précieux qu'il soit, est loin de racheter la difficulté que présente le travail. Aussi au Moyen Age, où la main-d'œuvre était cependant peu coûteuse, on n'exécuta qu'un nombre très restreint de ces grilles, préférant recourir au travail de la forge et aux soudures multiples, comme dans la grille de la maison de Jacques Cœur que nous donnons (fig. 54). Enfin, de notre temps, elles ont été à peu près abandonnées, et nous ne trouverions guère à citer, en fait de grilles entrelacées, que les grandes grilles du Guichet de Flore aux Tuileries, où cette disposition alternative, obtenue à grand renfort de soudures, revêt beaucoup plus l'aspect d'un travail de haut luxe que d'un ouvrage ayant en vue la résistance et la sécurité.

Toutes ces combinaisons ingénieuses qui assurent la solidité des grilles seraient toutefois de peu d'effet s'il était possible de les escalader. Un des devoirs du serrurier est donc de rendre le sommet de son ouvrage sinon inaccessible, tout au moins infranchissable. Sous ce rapport, certains travaux de fortification exécutés en fer constituent des ouvrages de protection d'une efficacité indiscutable[1].

Mais cette prodigalité de pointes acérées chargées de

résistantes que le célèbre Grollier de Servière dans son cabinet de curiosités conservait un appareil compliqué et spécialement construit pour les rompre (voir *Le Cabinet de M. de Servière*. Lyon, 1738).

1. Nous citerons notamment, dans ce genre, les grilles qui clôtu-

tenir les assaillants à distance, si elle est à sa place dans certaines constructions militaires, ne convient guère à des clôtures d'ordre privé. Aussi n'en trouve-t-on que peu d'emplois dans l'architecture civile, et les seuls ouvrages courants de ce genre que les serruriers soient appelés à confectionner, sont les *artichauts, dards* ou *chardons* qui servent soit à garantir le couronnement d'un mur, comme on peut en voir à la façade du n° 1 de la rue Béranger et sur la porte du n° 52 de la rue Sévigné ; soit à intercepter le passage d'un balcon, d'un toit, ou même à empêcher la communication d'une fenêtre à l'autre, comme cela existe au n° 11 de la rue Jacob ; soit enfin à protéger les côtés d'une porte isolée ou d'une grille aboutissant à un saut de loup, comme on en remarque au grand Trianon, à Versailles, etc. Pour ces dernières, le hérissement de pointes qui caractérise ces sortes de défenses vient généralement se greffer sur une ou plusieurs volutes formant arc-boutant, et prête, entre les mains du serrurier habile, à des développements à la fois originaux, décoratifs et pittoresques.

Pour les grilles ordinaires on se contente à moins de frais. Lorsqu'on ne se borne pas à appointer les barreaux et à les terminer simplement en flammes, on les surmonte d'une suite d'ornements rapportés, affectant la forme d'un fer de lance ou d'une pointe de flèche qui, façonnés à l'étampe, fournissent un obstacle suffisant pour empêcher la grille d'être franchie. Dans certains cas, toutefois, et lorsque l'ensemble de l'ouvrage a la prétention d'offrir un dessin archaïque et compliqué, le dessinateur cherche à lui donner un supplément d'intérêt en imaginant quelques combinaisons qui font vaguement ressembler ces couronnements à des faîtages anciens. Un des modèles les plus employés depuis quelques années et l'un des plus simples,

rent la redoute d'Écouen du côté de la route de Villiers-le-Bel, et qui se hérissent dans tous les sens de pointes rendant l'escalade impossible.

quoiqu'il ne laisse pas que d'être décoratif, consiste à relier deux verges appointées, par une anse de panier dont le centre se trouve rivé au sommier, et dont les enroulements extrêmes sont retenus aux barreaux par des *colliers* ou par des goupilles. En modifiant légèrement ce thème, en remplaçant les pointes par des fleurons, on peut obtenir un certain nombre de combinaisons très heureuses.

Enfin, dernière précaution, pour prévenir l'escalade, on s'arrange de façon que la surface des traverses demeurée libre entre deux barreaux, soit garnie d'un ornement en pointe empêchant que l'on puisse poser le pied sur ces parties horizontales.

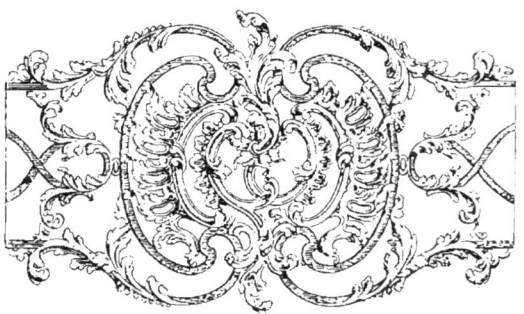

Fig. 55. — Centre de balcon composé par Lamour.

XI

DES PORTES A PANNEAUX ET DES GRILLES INTÉRIEURES

Au cours de l'étude rapide que nous venons de faire des grilles extérieures et des procédés d'assemblage usités dans leur fabrication, il n'a point été question de la confection des pilastres et des portes, qui jouent cependant un rôle considérable dans l'économie de ces sortes d'ouvrages et concourent amplement à leur beauté. Cette omission à la fois naturelle et volontaire s'explique par ce fait que la construction de ces membres importants des fermetures extérieures se rapproche de celle des grilles intérieures, des rampes, des balcons, et consiste essentiellement en des bâtis solidement assemblés et qui, maintenant les pièces de remplissage dont ils sont garnis, limitent extérieurement les proportions de l'ouvrage.

Ces bâtis caractéristiques peuvent être simples, comme cela arrive pour les grilles très ordinaires. Souvent ils se compliquent d'un second cadre intérieur, relié au premier par des anneaux, des astragales, des postes et autres ornements composant une espèce de frise. Mais de toute façon chacun d'eux est formé — comme les bâtis usités dans la menuiserie — de deux traverses et de deux montants réunis à leurs extrémités. Les assemblages les plus employés pour ces sortes de travaux sont ceux à tenons et mortaises et parfois, pour la partie supérieure, ceux à enfourchement[1] (fig. 56 et 57). Les tenons sont toujours pris dans la masse, ce qui est indispensable pour la solidité du travail. Ils pourraient être découpés comme ceux qu'on exécute pour les assemblages de meubles en bois, à l'aide du ciseau, et

---

1. Voir *Menuiserie,* p. 33.

perfectionnés ensuite à la lime ; mais on préfère les façonner à chaud, soit en se servant de chasses carrées qui, frappées à coups de marteau, permettent à la fois d'étirer le métal et de le déprimer sur ses diverses faces ; soit en faisant usage d'étampes en forme de clouières, dont on force le fer à épouser les contours intérieurs. A la base du tenon, on a soin de tenir le barreau un peu plus renflé que le corps même de la barre. On forme ainsi un épaulement qui,

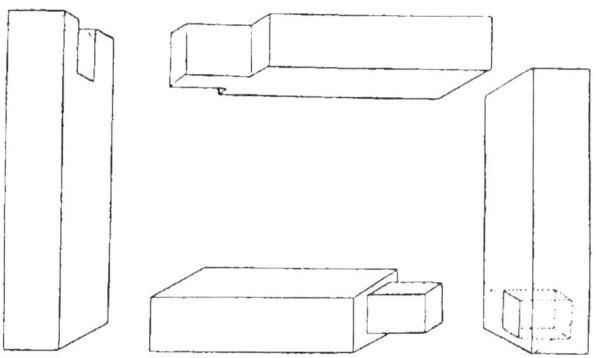

Fig. 56 et 57. — Assemblage de grilles par enfourchement et à tenon et mortaise.

empêchant tout jeu et tout déplacement, maintient l'aplomb et rend l'ouvrage beaucoup plus solide.

Le cadre ainsi constitué, il faut s'occuper de le remplir. Il peut l'être soit à l'aide de simples barreaux, si la clôture n'a qu'un but d'utilité, soit avec des rinceaux ou des motifs de décoration aussi compliqués qu'on le juge à propos, quand son utile destination s'augmente d'un rôle décoratif. S'il n'est garni que de montants, comme cela se voit dans les grilles d'appui et les balcons très ordinaires, le problème est des plus simples. Les montants, terminés à leurs deux extrémités par des tenons, viennent s'assembler dans les traverses du haut et du bas, qu'on a préalablement percées de mortaises. Une rivure bien faite maintient solidement ces barreaux, et pour que l'ouvrage un peu rudimentaire paraisse plus soigné, il suffit, si on le juge nécessaire, de recouvrir la traverse supérieure d'une main courante quarderonnée.

Lorsque au lieu de simples barreaux on veut garnir l'intérieur des cadres de *contours* plus ou moins élégants, le problème se complique de suite. Il faut, en effet, réunir ces contours de façon qu'ils tiennent solidement les uns aux autres. En outre, il faut les assembler aux différentes parties du cadre de manière qu'une fois fixés ils ne bougent plus et résistent aux secousses et aux fortes pressions. Cette consolidation — condition essentielle de ces sortes de travaux — s'obtient à l'aide d'assemblages qui s'exécutent de cinq manières différentes, dont plusieurs nous sont déjà connues : soit au moyen de soudures, soit à tenons et mortaises, soit à l'aide de goupilles rivées ou de vis, soit enfin par des liens.

Nous avons parlé dans notre cinquième chapitre de l'heureuse propriété que possède le fer de pouvoir se souder à chaud de façon que deux barres, convenablement forgées, arrivent à n'en former qu'une seule. Le serrurier manquerait au plus strict de ses devoirs s'il ne mettait pas à profit, chaque fois qu'il le peut, cette qualité si précieuse. Il commence donc par réunir sur l'enclume toutes les parties de son panneau qui peuvent être soudées, et plus il en joint de la sorte, plus son œuvre approche de la perfection. Ce sont des soudures de ce genre, hardiment pratiquées, qui, en rassemblant en une seule et même tige, en incorporant les uns aux autres les innombrables rameaux dont sont formées certaines grilles anciennes, comme celle d'Ourscamp, par exemple (fig. 58), ou encore les rinceaux compliqués de certaines pentures, comme celles de Notre-Dame de Paris ; ce sont ces soudures qui ont permis à ces beaux ouvrages de traverser impunément les siècles et de faire encore au-

72 LA SERRURERIE

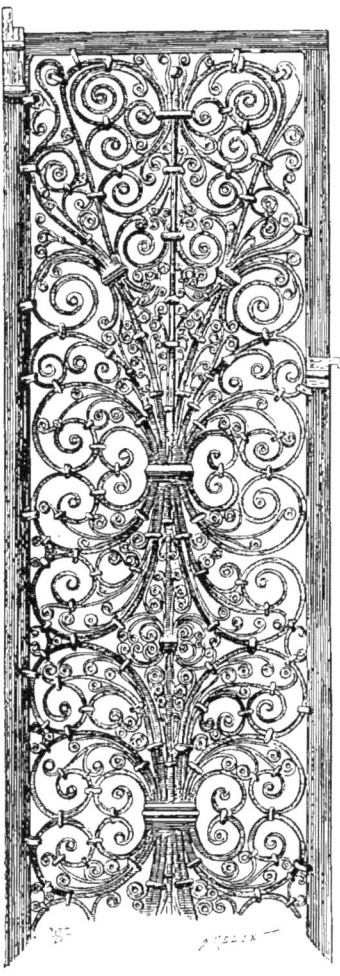

Fig. 58. — Grille d'Ourscamp.

jourd'hui notre admiration.

Mais ces grandes opérations de la forge sont toujours difficiles à mener à bonne fin. Incertaines et dangereuses, elles exigent une expérience consommée et appartiennent à ce genre de travaux dont on peut dire que rien n'est assuré tant qu'il demeure quelque chose à faire. Aussi le maître serrurier, pour la besogne courante qui l'oblige à recourir à un personnel nombreux, donne-t-il la préférence aux assemblages exécutés à froid, et parmi ces derniers le plus artistique, le plus raffiné, qu'on nous permette ce mot, est l'assemblage à tenons et mortaises.

Nous venons de parler à l'instant de cette sorte d'assemblages, mais en ne l'envisageant que dans son application la plus simple. Si nous substituons, en effet, un rinceau, un enroulement, une volute à la barre droite dont il vient d'être question, ce n'est point par son extrémité façonnée en tenon que ce rinceau ou cet enroulement se trouvera en contact avec le cadre. C'est par un point spécial de la courbe qu'il décrit, et c'est précisément sur ce point qu'il faudra ménager le tenon (fig. 59). On sent combien la difficulté est plus grande. Il arrive même, quand on exécute de ces ouvrages compliqués, que les barreaux dont on fait usage ne viennent point buter d'aplomb sur les sommiers, mais qu'ils les rencontrent diagonalement. Dès lors le tenon, tout en continuant de ormer le prolongement de la barre rampante, doit prendre

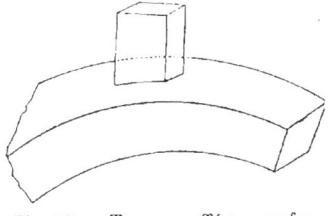

Fig. 59. — Tenon greffé sur un fer courbe.

pour s'ajuster exactement avec la traverse demeurée horizontale, une autre direction (fig. 60). De là naît la nécessité de recourir à une fausse coupe, ce qui rend le travail beaucoup plus délicat et par suite plus coûteux. Aussi ces assemblages sont-ils uniquement réservés pour les pièces très soignées, et le serrurier, pour les ouvrages ordinaires, est naturellement porté à recourir aux ajustements à goupilles ou à vis.

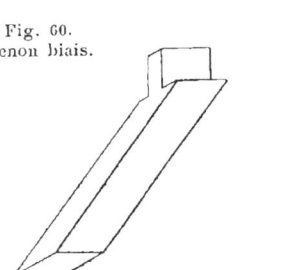

Fig. 60. Tenon biais.

Ces deux derniers s'exécutent presque de la même façon et, suivant les cas, présentent des inconvénients et des avantages. L'ajustement à vis, ainsi que le montre notre figure 63, dispense des rivures et permet de ne pas faire traverser à la vis le sommier de part en part. Par conséquent il respecte la plate-bande extérieure. C'est là, pour la propreté du travail, un avantage indiscutable. Mais il faut tarauder le chemin que suit la vis, opération toujours délicate. En outre, si la tige de celle-ci n'emplit pas strictement la place qui lui est réservée, l'humidité, en s'insinuant entre la vis et les parois de la cavité qu'elle occupe, ne tarde pas à ronger le fer, et tout l'ajustement s'ébranle.

Avec la goupille cet inconvénient n'existe pas. Mais les deux pièces étant traversées de part en part, la trace de l'assemblage demeure visible des deux côtés, ce qui fait paraître l'ouvrage moins soigné. Toutefois le serrurier supplée à cette défectuosité en substituant un *prisonnier* à la goupille ordinaire. On donne ce nom de prisonnier à une petite tige de fer qu'on fixe de la façon suivante. A l'aide d'un foret on pratique dans l'un des barreaux qu'on veut assembler un trou mesurant comme profondeur environ les deux tiers de l'épaisseur de ce barreau. On élargit ensuite le fond de ce trou en faisant osciller la pointe du foret de façon que la cavité présente l'aspect d'un petit cône large à sa base, étroit à son sommet. Lorsque le fond est suffisamment élargi, on place dans le trou la goupille, qu'on a eu soin de choisir en fer très doux, et l'on frappe à grands coups de marteau jusqu'à ce que l'extrémité inférieure, refoulée par ces chocs successifs, se soit écartée au point de remplir la cavité creusée. De cette façon la goupille, immobilisée et désormais faisant corps avec le barreau où elle est retenue prisonnière, offre presque les mêmes avantages que le tenon, et comme exécution présente des facilités beaucoup plus grandes. La rivure qui fixe le prisonnier au second barreau est même plus facile à dissimuler que celle du tenon ordinaire. A la rigueur on pourrait se passer de cette rivure, en rendant la goupille prisonnière des deux pièces qu'on se propose d'assembler. Mais ce travail, qui exige une précision très délicate, pouvant sembler trop difficile, on y supplée de la façon suivante. A l'aide d'un ciseau nommé *langue-de-chat,* on élargit le trou par lequel sort la goupille, de façon à former autour de celle-ci une espèce de petit entonnoir, puis on rive à grands coups de marteau. Le métal refoulé emplit cet entonnoir, transfor-

LA SERRURERIE

mant l'extrémité de la goupille en une sorte de tête de clou qui déborde légèrement le nu du barreau. On arase cette saillie à la lime, et l'assemblage devient à peu près invisible.

Il arrive parfois que le contact direct d'un contour avec le montant ou la traverse du cadre, semble trop sec, et que le serrurier éprouve le besoin de donner de l'air à sa composition. Dans ce cas il interpose entre les deux fers une petite boule préalablement percée d'un trou de passage. Ce trou, qu'on a soin de faire méplat quand il s'agit d'un tenon,

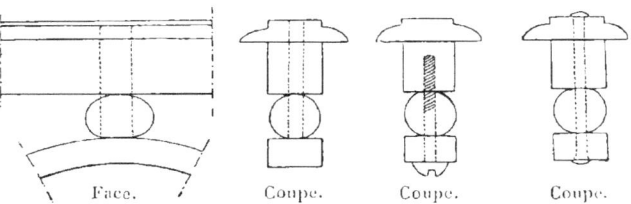

Fig. 61 à 64. — Diverses sortes d'assemblages à boules : assemblage à tenon, à vis, à goupille.

rond et uni pour une goupille, rond et taraudé pour une vis, livre un chemin à la pièce d'ajustement que, pour cette raison, on est obligé de tenir sensiblement plus longue (voir fig. 61 à 64). Ainsi qu'on peut le voir dans quantité de balcons et de rampes, l'adjonction de ces petites boules ajoute beaucoup à l'élégance des panneaux. Elle nécessite, il est vrai, une légère complication de travail, mais sans que cette aggravation et les frais qui en résultent empêchent qu'on en fasse usage même pour des ouvrages ordinaires.

Les liens constituent le dernier mode d'assemblage dont il nous reste à parler. Ils offrent cette particularité que, formant une sorte d'ornement, ils concourent non seulement à la solidité, mais encore à la décoration des panneaux où on les emploie. Lorsqu'ils sont chargés de réunir des pièces qui se touchent, ils tiennent lieu des rivures et les remplacent avantageusement. Ils peuvent aussi maintenir des pièces placées à une légère distance, ce qu'aucun autre mode d'assemblage ne saurait faire. La confection des liens varie naturellement suivant le rôle qu'on leur destine. Les plus simples sont formés par une pièce de fer très doux, doublement coudée et munie à chacune de ses extrémités d'un petit tenon. Cette pièce, qui constitue ainsi les trois côtés d'un parallélogramme, vient s'assembler dans une autre pièce

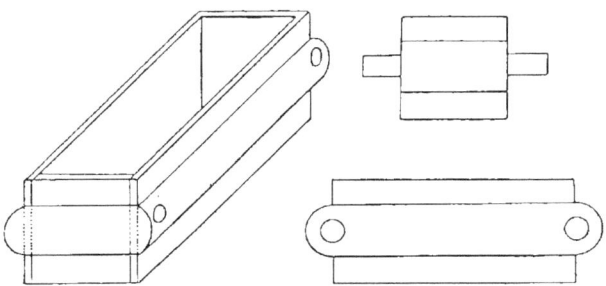

Fig. 65 à 67. — Collier à cordon : le collier monté et les côtés avant l'assemblage.

droite munie de deux mortaises, et, une fois la rivure faite, le lien se trouve fermé. Jadis, — à l'époque où le serrurier, complètement maître de son art, hésitait moins que de nos jours à recourir à l'intervention de la forge, — les liens confectionnés d'un seul morceau quadruplement coudé et dont les extrémités avaient été préalablement taillées en becs de flûte, au lieu d'être rivés à froid, étaient soudés à chaud et soudés avec tout le restant de l'ouvrage. Pour cela on faisait rougir les pièces à assembler au point où elles devaient être en contact; on les enveloppait du lien porté également au rouge blanc, et à coups de marteau on amalgamait ces diverses parties de façon à n'en former plus qu'un seul morceau de fer.

Aujourd'hui, c'est le contraire qui se produit. Au lieu de chercher à unifier toutes les parties, on se plaît, pour faciliter le travail, à multiplier les fragments. C'est ainsi que les colliers dont on fait ordinairement usage se composent de quatre côtés indépendants : deux grands percés de trous et deux petits munis de tenons (voir fig. 65 à 67). En rivant les quatre tenons on ferme le collier et on constitue ainsi un lien qui, sans avoir la force des anciennes soudures, offre cependant une résistance suffisante pour maintenir solidement deux contours que l'on veut réunir.

Nous venons de dire que les liens présentaient sur les autres modes d'assemblage cet avantage de concourir à la décoration des panneaux. Il était donc naturel qu'on cherchât à développer leur caractère ornemental en les ornant à leur tour. C'est ce qu'on a fait en les gratifiant de moulures qui, augmentant leur robustesse apparente, font paraître l'ouvrage plus solidement établi. Ces colliers ainsi moulurés portent le nom générique de *liens à cordon* et sont façonnés le plus ordinairement à l'étampe.

Telles sont les diverses manières que possède le serrurier de réunir d'une façon durable les contours qui garnissent les panneaux des portes, des grilles intérieures, des balcons, des balustrades et de toutes ces belles œuvres de serrurerie, dormants, impostes, etc., qui jouent dans la décoration de nos maisons un rôle si considérable. Soudures, assemblages à tenons et mortaises, ajustements à goupilles et à vis, liens, colliers, etc., employés suivant le cas, permettent à ces habiles artistes de varier le caractère et l'aspect de l'ouvrage.

En indiquant la façon dont chacun d'eux s'exécute, nous avons uniquement envisagé les combinaisons les plus simples, et de parti pris omis toute complication. Mais dans la réalité il n'en est point ainsi, et il nous reste à dire quelques mots des difficultés d'application avec lesquelles, dans nombre de cas, l'exécutant se trouve aux prises.

XII

DES RAMPES D'ESCALIER

Tous les panneaux dont il a été question dans nos précédents chapitres, qu'ils fussent destinés à des balcons, à des grilles intérieures, à des portes ou à d'autres ouvrages du même genre, ont été considérés comme limités extérieurement par un bâti rectangulaire, composé de traverses et de montants disposés sur un même plan et s'assemblant à angles droits. Ce bâti peut être garni à l'intérieur avec des contours de remplissage aussi riches, aussi variés, aussi compliqués que possible; ces contours suivent forcément, comme structure, les conditions de l'armature qui les enserre. Leur développement symétrique s'opère sur un même plan, et les diverses pièces qui les composent s'assemblent carrément avec le bâti et entre elles. Mais supposons qu'au lieu d'une grille plane nous ayons à exécuter un balcon cintré, comme celui qui, rue de Rennes, surmonte l'entrée de la cour du Dragon (voir fig. 38), ou simplement une balustrade à coins arrondis, et de suite le problème se transforme. On conçoit, sans qu'il soit besoin d'insister, quelle complication cette différence de construction va entraîner non seulement dans la forme de nos différents contours, mais encore dans la plupart des assemblages chargés de relier entre elles les diverses parties de l'ouvrage.

Si d'un balcon cintré nous passons à une rampe d'escalier, des difficultés nouvelles ne manquent pas de surgir. Non seulement il deviendra indispensable que notre bâti et les panneaux dont il est garni se contournent et s'infléchissent pour suivre l'évolution décrite par le limon de cet escalier, mais les lignes verticales et horizontales qui limitent nos bâtis et qui jusque-là s'étaient coupées perpendiculairement vont se transformer en parallélogrammes allongés, presque en losanges. Tous les contours qu'ils renferment, suivant le même mouvement, vont prendre une forme déclive ; en sorte qu'aucun des fragments dont ils sont composés ne s'assemblera plus carrément avec la partie voisine, et que tenons, goupilles, liens, colliers, en un mot toutes les pièces d'ajustement, devront réunir les fers en contact suivant un plan incliné.

Dans la pratique, le serrurier expérimenté atténue, par d'ingénieux artifices de fabrication, les difficultés que présentent ces assemblages insolites ; mais en dépit de ces at-

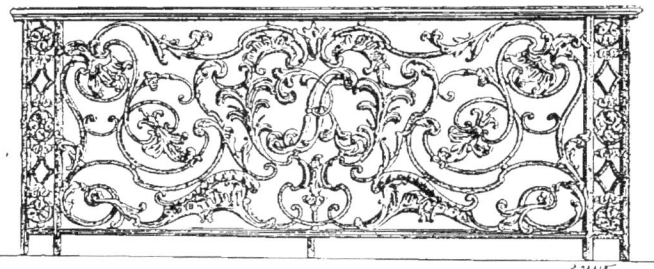

Fig. 68. — Panneau de rampe exécuté par Lamour.

ténuations, la construction d'une rampe d'escalier — quelque peu artistique — n'en est pas moins regardée par les gens du métier comme un des ouvrages les plus malaisés et les plus ingrats : malaisés à cause des nombreuses complications qu'entraîne — qu'on nous permette cette expression — le nivellement de ces beaux travaux ; ingrats parce que peu de personnes se rendent compte des multiples problèmes résolus, et songent, en montant ou en descendant, à contempler ces curieux ouvrages avec l'intérêt qu'ils méritent. C'est pourquoi nous croyons indispensable de donner ici quelques indications sur la manière dont le travail des rampes d'escalier est conduit, et sur la façon dont on les met en place.

La première obligation qui incombe au serrurier chargé

de construire une rampe, c'est de faire suivre très exactement à cette rampe les contours que le charpentier ou le maçon ont donnés à leur limon. Pour cela il commence par relever ce contour avec une bande de fer en lame parée, mince et convenablement recuite. Mais comme il ne pourrait pas relever sur une seule et même bande tout le développement d'un escalier comprenant plusieurs étages, il divise cette bande en un certain nombre de morceaux, ayant soin, pour la facilité du travail, d'opérer toujours ses sections dans la partie droite et à l'approche des quartiers tournants. Cette première opération s'exécute sans trop d'embarras quand le limon est bien construit, c'est-à-dire lorsque sa face supérieure n'incline,ni du côté des marches ni en dehors. Il n'en est pas de même lorsque le limon est mal conformé. Il est indispensable, en effet, que la bande de fer posée par le serrurier porte bien d'aplomb, sans quoi il ne serait pas possible de monter la rampe. Quand cet aplomb fait défaut, c'est au serrurier qu'incombe le soin de réparer les fautes que le charpentier ou le maçon ont commises.

Dès que sa bande est façonnée convenablement, notre serrurier en marque les divers fragments avec des repères ou des points de rencontre, de manière à pouvoir les ajuster de nouveau avec toute l'exactitude désirable. Retourné à son atelier, il se sert de ces guides pour former son sommier inférieur, s'appliquant à faire suivre exactement à ce sommier toutes les courbes décrites par la lame. Puis, comme le sommier d'en haut doit à son tour accompagner celui d'en bas dans ses révolutions et lui rester parallèle en toutes ses parties, il se sert de ce dernier comme de patron, et cette première partie de son travail est achevée quand les deux barres coïncident sur toute leur étendue.

Une fois les sommiers établis, il s'agit de garnir l'espace qui les sépare. Si la rampe est simple et doit être formée

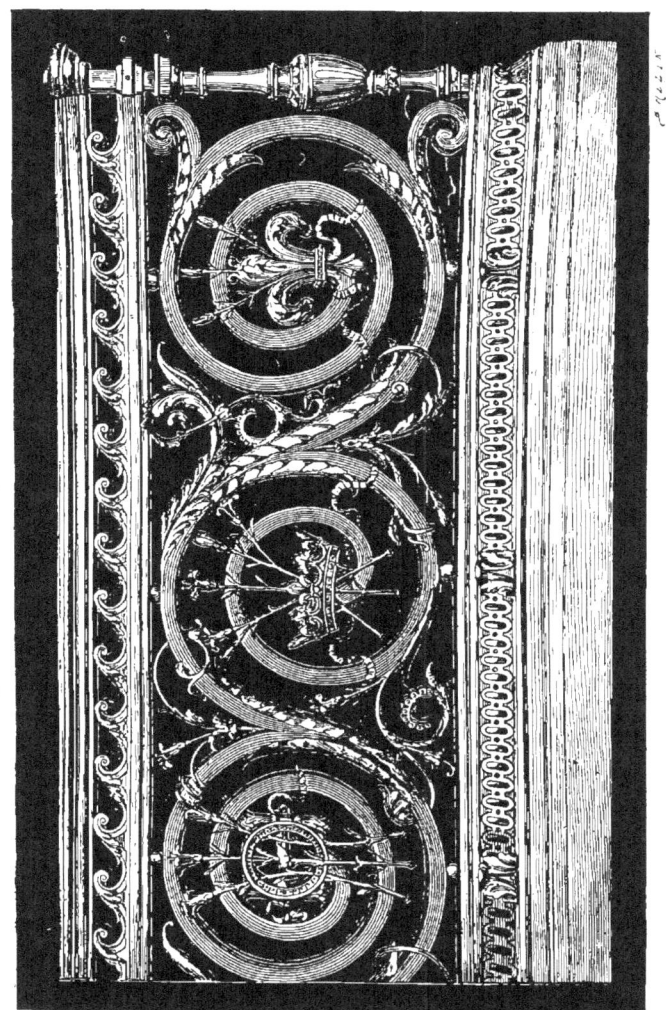

Fig. 69. — Fragment de la rampe du château de Chantilly, exécutée par MM. Moreau frères.

de barreaux plus ou moins espacés, d'arcades ou même de balustres, en un mot de parties montantes fragmentées et se succédant de distance en distance, la solution du problème est, elle aussi, relativement simple. On assemble ces divers motifs à tenon et mortaise avec les deux sommiers, en s'arrangeant toutefois de façon que ces tenons à la partie inférieure traversent de distance en distance le sommier inférieur, et pénètrent dans le limon à une profondeur suffisante pour assurer la solidité de la rampe et la rendre inébranlable. La seule difficulté sérieuse qu'on rencontre consiste à imprimer aux arcades et aux balustres une forme déclive, dont l'inclinaison se modèle sur celle des sommiers, qui eux-mêmes sont obligés de se conformer à la raideur plus ou moins accentuée des volées.

Lorsque les deux sommiers sont reliés l'un à l'autre par un ornement courant en forme de volute ou de rinceau, de poste, etc., orné plus ou moins richement, comme cela arrive dans certains escaliers magnifiques, — celui de Chantilly notamment, — ou par des cercles entrelacés se coupant à moitié fer, comme dans l'escalier de Compiègne, par exemple, le problème est déjà beaucoup plus ardu, car il s'agit de conduire ces volutes, ces cercles, ces postes, ces rinceaux, de façon à leur faire gravir la montée du limon et à les faire ressauter au palier, suivant un plan horizontal, sans que l'équilibre du dessin général soit compromis et sa beauté atténuée. Aussi ces sortes de rampes ne sont-elles demandées qu'aux véritables artistes du fer. Leur montage, toutefois, demeure assez simple, puisqu'il suffit que les enroulements à leur point de contact avec les sommiers s'assemblent solidement à tenon et mortaise, pour que l'aplomb et la résistance de la rampe ne laissent rien à désirer. Mais dès qu'on sort de ces ouvrages continus, pour aborder les rampes divisées en panneaux successifs, rampes qui sont, du reste, d'un emploi beaucoup plus général, le problème se complique singulièrement, du moins au point de vue des assemblages.

Nous avons expliqué plus haut que tout panneau de ser-

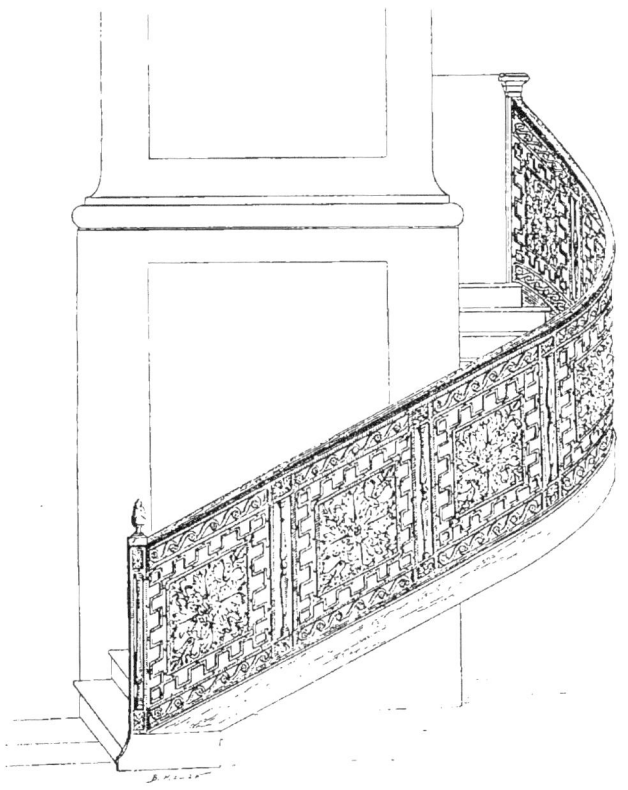

Fig. 70. — Rampe de la chaire de Saint-Roch, exécutée par Doré et Gallien.

rurerie se trouve enveloppé d'un bâti et que ce bâti est formé de montants et traverses assemblés à tenons et mortaises. Les deux sommiers que nous avons façonnés suivant la courbure de notre limon nous fournissent nos traverses. Nous obtiendrons nos montants en disposant de distance en distance des barreaux qui, partant du limon, vont s'assembler dans notre sommier supérieur. La longueur de ce dernier peut être aussi considérable qu'on le désire, et à la rigueur même il pourrait du haut en bas ne se composer que d'une seule pièce de fer. Le sommier inférieur, au contraire, est forcément divisé en un nombre défini de morceaux qui correspondent comme dimensions à l'écartement des montants, et par conséquent à la dimension des panneaux, et chacun de ces morceaux se termine par deux mortaises, qui viennent embrasser les tenons greffés sur nos barres verticales.

Une fois les deux sommiers et les barreaux convenablement préparés, on les présente en place pour s'assurer que le bâti s'ajuste bien au limon, car l'équilibre, la solidité et le bon aspect de la rampe dépendent beaucoup de la bonne exécution du bâti. Quand le serrurier a constaté que le sommier inférieur suit exactement les contours du limon, quand il s'est assuré, à l'aide du fil à plomb, que les montants sont d'une verticalité absolue et que le sommier supérieur est bien parallèle à celui d'en bas, une partie considérable de l'ouvrage se trouve accomplie. La charpente existe, en effet, et il ne reste plus qu'à procéder à un travail de remplissage.

Ce travail, qui a lieu à l'atelier, ne laisse pas que d'être — on le comprend — extrêmement délicat. Toute rampe d'une certaine importance doit, en effet, présenter ces deux conditions primordiales de la beauté en matière décorative, qui sont la Variété et l'Unité[1]. L'unité en ces sortes d'ouvrages résulte généralement d'un dessin unique, dont les combinaisons plus ou moins riches doivent se répéter dans les panneaux successifs qui composent la rampe. La variété naît de l'heureuse adaptation de ce dessin aux nécessités de la construction, qui oblige les panneaux à être tour à

---

1. Voir notre manuel de la *Décoration*, prop. XV.

tour plans ou cintrés, horizontaux ou rampants, et, suivant le développement des différentes parties, larges ou étroits ; car dans un grand nombre d'escaliers, et notamment dans ceux à quartiers tournants, où les travées sont presque toujours irrégulières, la largeur des panneaux doit se proportionner aux divisions de la volée, de façon que le point central de celle-ci coïncide avec le milieu du panneau. En opérant ces diverses transformations, le serrurier fait œuvre non seulement d'artisan accompli, mais encore de décorateur émérite.

Pour ce qui est d'élargir ou de rétrécir les panneaux suivant le développement des volées, le problème n'est pas très compliqué, et nous avons indiqué dans notre volume consacré à la *Décoration* (voir fig. 53 à 55) comment il s'y faut prendre pour étendre ou resserrer un dessin sans diminuer ou augmenter le nombre des éléments qui le composent. La seule difficulté sérieuse que présente ce travail c'est que, parfois, le développement du panneau est trop considérable pour qu'on puisse le remplir uniquement avec les *contours* du modèle type. Mais le serrurier résout ce petit problème par l'adjonction de barres parallèles aux lignes du bâti, auxquelles on donne le nom d'*entretoises*.

Pour transporter son dessin sur un plan arrondi, de même que pour transformer son panneau carré en losange, la difficulté est plus grande. Le serrurier, dans l'un et l'autre de ces deux cas, recourt à la mise aux carreaux. Lorsqu'il s'agit du panneau qui doit garnir un quartier tournant, il trace sur la convexité d'un tambour de même forme que ce quartier tournant des lignes verticales et horizontales représentant le cadre du bâti, puis il divise les montants en quatre, six ou huit parties égales, et les traverses à proportion, et il établit ainsi un nombre plus ou moins considérable de carrés qui, lui servant de guides, lui permettent de transcrire le dessin sur cette surface convexe.

Pour les rampants il agit de même. Avant de démonter

son bâti pour le rapporter à l'atelier, le serrurier relève avec soin, à l'aide d'un compas à verge ou d'une petite griffe spéciale, l'ouverture des quatre angles formés par les traverses et les montants; puis il trace sur une feuille de carton ou de tôle les quatre lignes du bâti avec l'inclinaison qu'elles doivent présenter, et ces quatre lignes, également divisées et reliées entre elles par des lignes intérieures qui forment un certain nombre de losanges, permettent à l'exécutant de

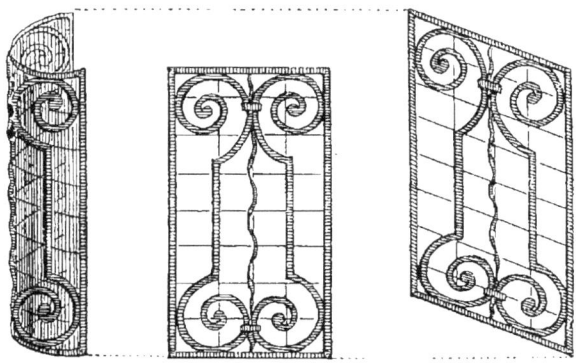

Fig. 71 à 73. — Manière d'incliner ou de recourber les panneaux de rampe.

transposer son dessin, et de donner ainsi aux *contours* qui meublent son cadre, la direction et la déformation nécessaires. Enfin, quand le panneau doit être à la fois rampant et tournant, on recourt aux deux moyens que nous venons d'indiquer et on trace les losanges du bâti sur un tambour de convexité convenable (voir fig. 71 à 73).

Son dessin une fois transposé, le serrurier exécute, ainsi qu'il a été dit plus haut, les diverses pièces qui doivent former ses *contours*, les appliquant sur son modèle et les rectifiant jusqu'à ce qu'elles coïncident parfaitement; et quand ses pièces sont complètement forgées, il les ajuste comme il a été expliqué au cours du précédent chapitre.

XIII

DES ORNEMENTS EN TÔLE REPOUSSÉE ET DU RELEVAGE

Lorsqu'on envisage d'une part l'étonnante rudesse du métal que le serrurier met en œuvre, le cadre étroit et strictement limité dans lequel il est tenu de se maintenir, l'obligation qu'on lui impose de répondre à un besoin précis, et de se conformer à un programme dont les points principaux ont été souvent arrêtés par des personnes étrangères à sa profession, enfin la nécessité où il se trouve de subordonner partout et toujours les qualités plastiques de ses œuvres à la solidité; quand, d'autre part, on considère les résultats surprenants qu'il obtient avec des moyens limités, la façon dont il assouplit le métal rebelle sans lui ôter aucune de ses qualités de résistance, et le cachet d'élégance qu'il imprime à des ouvrages de pure défense, on ne peut s'empêcher de concevoir pour son art et pour ceux qui l'exercent une très sincère estime et une réelle admiration.

Mais ce qui semble encore plus merveilleux, c'est que, n'ayant ordinairement à leur disposition que des barres de deux formes, carrées ou méplates, n'employant, en général, dans un même ouvrage que des fers de deux grosseurs, ces vigoureux artistes parviennent à varier à l'infini leurs motifs de décoration et à créer, avec ce matériel si restreint, un nombre incalculable de modèles différents, tous ingénieux, la plupart bien raisonnés, remarquablement pratiques, et le plus souvent élégants, gracieux et d'une distinction rare.

Sur vingt mille appuis de fenêtres, grilles de balcons, balustrades, etc., exécutés entre 1680 et 1775, c'est-à-dire en moins d'un siècle, et qui ornent encore les anciennes maisons de Paris, on n'en trouverait pas vingt, pas dix peut-être qui soient, comme dessin, absolument pareils. Même dans les maisons de rapport, ils varient d'étage à étage, et quelquefois d'une fenêtre à l'autre, comme si le serrurier, obligé cependant de travailler au plus bas prix, éprouvait une sorte de dégoût à se répéter, et comme si les recommencements répugnaient à son imagination infatigable. Sur deux cents rampes d'escalier datant du même temps, et dont il nous a été permis de relever les ingénieuses combinaisons, nous n'en avons pas trouvé deux qui fussent identiquement semblables.

De pareilles constatations amènent forcément l'observateur à rechercher d'où peut provenir une si remarquable fécondité, et il s'aperçoit bien vite qu'elle résulte de trois causes principales.

En premier lieu, tout le travail de la serrurerie se façonnant à la main, morceau par morceau, c'est-à-dire progressivement, l'artiste, par cela seul, est conduit à raisonner chaque partie de son ouvrage, à s'occuper de ses rapports avec l'ensemble, qu'il ne doit jamais perdre de vue, à méditer, à réfléchir, et par suite à faire continuellement acte de créateur. Aucune des opérations auxquelles il se livre n'est, en effet, purement mécanique. Pendant qu'il tourne et retourne le fer dans la forge, le bat sur l'enclume, l'applique sur son modèle et rectifie son contour, son esprit en éveil entrevoit des améliorations à réaliser et imagine forcément des combinaisons nouvelles, qui lui seront d'un grand secours quand il devra établir un modèle nouveau.

En second lieu, il se trouve presque toujours enfermé dans un programme déterminé d'avance, étroit, irréductible. L'architecte qui réclame son concours lui fixe des limites strictes qu'il lui est interdit de franchir, et qui, d'une construction à l'autre et parfois dans la même construction, varient sensiblement et l'obligent à chercher pour des problèmes analogues une foule de solutions variées. Cette nécessité bannit de son esprit l'indolence et la paresse. Sachant qu'il ne sera jamais appelé à refaire deux fois exactement le même travail, il ne cherche point à se pourvoir de formules toutes faites lui permettant de se répéter à l'infini. Et de la sorte, comme nous l'expliquons autre part[1], les exigences du programme dans lequel il est enfermé avivent sa verve créatrice.

Enfin la troisième raison qu'on découvre à cette fécondité si particulière, c'est que dans les multiples combinaisons des éléments à la fois peu nombreux et si peu variés qui sont à sa disposition, le serrurier est obligé de tirer tout de son propre fonds, et de ne chercher son inspiration immédiate dans aucune création étrangère à son art. Il sait, en effet, que la nature ne fait rien qui ressemble à ses travaux et qu'aucune autre industrie humaine ne poursuit un but identique au sien et n'use de moyens pareils. Il est donc débarrassé par là même de tout ce bagage d'adaptations plus ou moins ingénieuses, qui détournent si souvent les autres arts de leur véritable chemin.

Cette nécessité de tout puiser en soi, si elle ajoute aux difficultés du travail, devient naturellement la source de la véritable originalité. Quand un art décoratif est amené à emprunter ses éléments au dehors, même à la Nature, par une pente en quelque sorte fatale il se trouve rapidement pourvu de types d'interprétation, qui ne tardent pas à prévaloir et deviennent aisément classiques. Une fois passés à l'état de formules, ces types s'imposent au dessinateur, entraînent d'inévitables répétitions, obligent à des redites constantes, et à la longue engendrent la monotonie. N'obéissant à aucune de ces préoccupations, le serrurier d'art n'a point à redouter cet écueil. Il reste le maître de son invention, et si, parfois, voulant ajouter quelque charme à son ouvrage, il se permet de rapides incursions dans le domaine de l'imitation, là encore il conserve la plus fé-

---

1. Voir la *Décoration*, prop. XCIX.

conde indépendance. Les fleurons, les coquilles, les palmes, les roses, les feuilles d'eau, les cornes d'abondance, les fruits, les feuillages et les fleurs, dont il enrichit ses plus belles grilles, pour varier leur aspect et leur enlever tout reste de maigreur, appartiennent si bien au domaine de la pure convention qu'il les désigne lui-même sous le nom générique de *feuilles d'ornement*. Et la part d'interprétation y est si grande, la copie est si librement exécutée, que l'artiste semble s'être plutôt proposé d'emprunter à l'objet inspirateur son nom que son apparence.

Mieux que personne, en effet, il sait combien il serait insensé de chercher à créer une illusion impossible. Il sent qu'il commettrait une insigne folie en essayant de restituer aux fleurs et aux fruits martelés sur l'enclume leur délicate épiderme et leur duvet velouté. Aussi façonne-t-il pour ces sortes d'ornements une flore à son usage, et, bien loin de singer une éphémère délicatesse, il conserve, au contraire, à ses ouvrages la rude empreinte que le marteau leur a donnée. Cette marque énergique, ce stigmate, si l'on peut dire ainsi, dénonçant l'origine de l'œuvre et l'effort énorme qu'elle a exigé, augmentent sa robustesse apparente et lui assurent ce caractère de sincérité qui donne un charme si grand à toutes les productions artistiques. Ajoutons que, même en leur gardant ces qualités d'ampleur et de vaillance, le serrurier d'art évite de prodiguer ces agréables décorations. Il sait, en effet, qu'il ne faut user des ornements qu'avec sobriété, et il n'oublie jamais que, si le besoin engendre la forme, celle-ci, dans aucun cas, ne doit être subordonnée à la décoration.

Ces beaux ornements dont le serrurier d'art fait un si judicieux usage s'exécutent à froid. Ils se tirent de feuilles de tôle dont le fer doit être extrêmement doux. Celle de Suède est, dans ce genre, la plus réputée. L'ouvrier choisit sa feuille plus ou moins épaisse, suivant le relief qu'il se propose de donner à son travail, la prenant toutefois aussi mince que possible, parce que plus elle est mince et mieux elle se travaille, et aussi moins elle est chère. Sur cette feuille il colle un papier qui porte son dessin développé; puis, suivant le contour du papier avec un ciseau à froid, il découpe sa tôle. Une fois la forme donnée, comme le papier ne résisterait pas aux chaudes successives que la feuille de tôle, lorsqu'elle est un peu épaisse, est appelée à

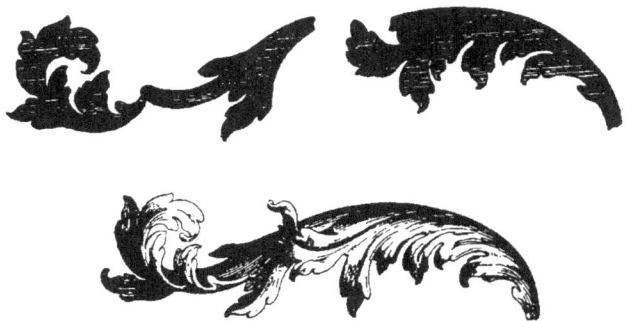

Fig. 74 et 75. — Feuillage d'ornement en tôle découpée, puis relevée et assemblée.

recevoir au cours du travail, on décalque les principales lignes du modèle à l'aide du *traçoir,* puis on commence à *relever.*

Cette opération du *relevage* se rapproche beaucoup de celle du *repoussé* que nous avons décrite dans notre volume sur l'Orfèvrerie [1]. Les principales différences qu'on y remarque, c'est que le *releveur* (on donne ce nom à l'artiste qui fait ces ornements de fer), au lieu d'attaquer son métal à l'envers, l'attaque directement à l'endroit, le frappant avec des marteaux de diverses formes, et l'appuyant sur un petit tas en acier auquel on donne le nom de *tasseau,* et qui est solidement pris dans les mâchoires d'un étau. Les tasseaux qu'on emploie le plus ordinairement mesu-

1. Voir *Orfèvrerie*, p. 29 et suiv.

rent de six à huit centimètres. Ils affectent, suivant la nature et les besoins du travail, des formes différentes, et leurs noms varient avec leurs formes. Les plus usités sont la *boule*, la *demi-boule*, la *bouterolle*, le *clavoir*, le *tas fendu*, etc. Ce dernier, qui ressemble à la pointe d'un marteau fourchu, se termine en branches plus ou moins écartées. Il sert à faire les grosses nervures à côtes, qui jouent un rôle important dans la marche de l'ouvrage, car elles servent de guides. On les exécute, du reste, en appuyant la tôle sur le tas, et, en frappant avec le marteau à l'endroit où se trouve la fente, on forme ainsi un sillon qui marque la nervure.

Quand, dans une grille ou dans tout autre ouvrage, il se rencontre des ornements semblables qui marchent par paire et sont symétriques, comme par exemple les pièces qui enrichissent les deux côtés d'un fronton, pour obtenir plus de régularité et

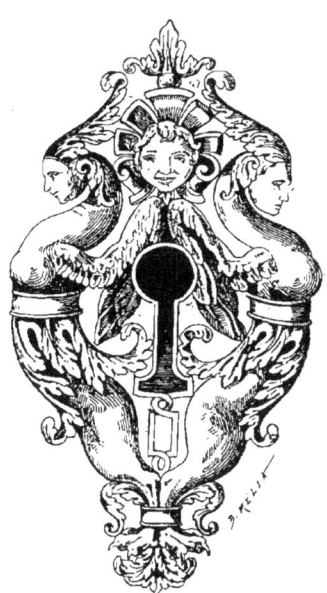

Fig. 76. — Entrée de serrure en tôle repoussée, composée par Mathurin Jousse.

aussi par économie de temps, on façonne ces ornements ensemble. Pour cela on découpe deux feuilles de tôle suivant le modèle préalablement dessiné, mais en tenant l'une des deux un peu plus large que l'autre, de façon à pouvoir replier les bords de la seconde sur la première, de telle sorte qu'elles ne puissent se déranger au cours du travail; puis, à coups de marteau, on les modèle toutes deux à la fois. Lorsque, au contraire, l'ornement qu'on veut exécuter comporte un développement considérable et qui rendrait par ses dimensions le relevage difficile, on divise la feuille découpée en plusieurs parties (voir fig. 74 et 75) ; on travaille chacune d'elles séparément et on les réunit ensuite par une soudure, ou à l'aide de rivets. C'est par ce procédé simplificateur que sont obtenues ces fleurs délicates dont les nombreux pétales viennent se greffer sur une tige unique, et ces palmes, ces feuilles énormes, dont le renversement, s'il devait être tiré d'un seul morceau, serait trop difficile à exécuter. Les premières, appelées à être contemplées de près, sont réunies par des soudures extrêmement délicates[1] ; les rivures, au contraire, sont employées pour les vastes ornements placés généralement loin de l'œil.

Nous avons dit[2] de quelle habileté font preuve les ciseleurs lorsqu'ils se mêlent de repousser les métaux précieux, et les prodiges qu'ils accomplissent d'une façon en quelque sorte courante. Le *releveur* ne le cède en rien à son noble rival. Sans autres outils que ceux énumérés plus haut, il transforme une feuille de tôle non seulement en fleurs, en feuillages, mais en masques, en cartouches, en lambrequins, en armoiries, en couronnes. *Conduisant* son métal avec le marteau, il en déplace les molécules, appauvrit les parties qui doivent rester planes pour renforcer celles qui se relèveront en généreux reliefs, et peut ainsi faire prendre à sa feuille rigide toutes les apparences qu'il désire. Si, sortant de son rôle de décorateur, il veut faire acte de maîtrise, il saura, comme le ciseleur, creuser sa tôle en forme de coupe, l'arrondir en forme de bassin, pour arriver à façonner dans cette matière rebelle un gobelet, une urne et même, à l'aide de la *retreinte*, une bouteille

---

1. Ces sortes d'ouvrages sont exécutés non pas en tôle ordinaire, mais en fer forgé, et ne peuvent être considérés que comme des chefs-d'œuvre de maîtrise.
2. Voir *Orfèvrerie*, p. 29 et suiv.

dont il fermera le goulot. Enfin, à l'aide de la *recingle*, il couvrira la panse de cette bouteille de rinceaux et de fleurs[1].

Mais ces admirables travaux sortent des opérations de relevage dont nous nous occupons. Ces derniers, lorsqu'ils comportent une grande finesse, ne sont point achevés sur le *tasseau*, mais *repris sur le plomb* ou sur le *mastic* à l'aide de ciselets, comme de véritables pièces d'orfèvrerie[2]. Ajoutons qu'il est bien rare qu'on pousse aussi loin l'achèvement des pièces de serrurerie d'art. Dans les grands ouvrages placés à distance du regard, un fini délicat, nous l'avons déjà dit, serait bien inutile; et même pour ceux qui sont à portée de la main, même pour les petites fermetures intérieures, pour les serrures à bosse, les platines de targettes et de verrous, les entrées de serrures, etc., on tient à conserver au fer ces arêtes vives, ce modelé un peu fruste qui rappellent son rôle protecteur; sans compter qu'une certaine robus-

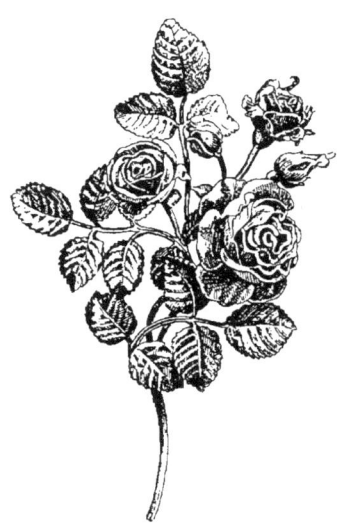

Fig. 77. — Rose en fer repoussé exécutée par M. Favier.

---

1. Les incroyables difficultés que présentent ces sortes de travaux intéressent, émeuvent, passionnent les artistes. Aussi n'est-il presque pas de ciseleur émérite, de grand orfèvre vraiment digne de ce nom, qui, à un moment de sa glorieuse carrière, ne se soit mesuré avec le rebelle métal. Notre regretté Morel-Ladeuil lui dut ses plus beaux triomphes et ses déboires les plus amers. Zuloaga lui consacra sa vie, et à l'Exposition de 1889 on pouvait découvrir, dissimulé derrière une des vitrines des frères Fannière, un bouclier en acier repoussé, ouvrage inachevé, auquel les deux doyens de notre orfèvrerie ont consacré leurs heures de loisir.

2. Voir *Orfèvrerie*, loco cit.

tesse leur est nécessaire, sous peine de les voir se briser au premier choc.

Soit qu'on les destine à une grille, à un panneau, à un fronton, à un amortissement, etc., une fois que les ornements relevés ont été complètement achevés, on les livre au monteur. Celui-ci a pour mission de les ajuster et de les mettre en place, ce qu'il exécute à froid à l'aide de vis ou de rivets. Les monteurs maladroits abusent de ces moyens, et laissent en outre les points d'attache assez visibles pour permettre à l'œil de constater les assemblages et de compter les morceaux. Les monteurs habiles, au contraire, dissimulent leurs rivets, les soudent parfois sous le fragment qu'ils doivent appliquer et, quand l'ornement est de grande taille, munissent celui-ci de tenons qui, goupillés dans des mortaises, permettent, en chassant la goupille, d'enlever la pièce d'applique sans détériorer les supports.

Mais quelle que soit l'habileté du monteur, son travail, pour produire un heureux effet, a besoin que le dessin général de l'œuvre ait été conçu avec goût et par un artiste connaissant à fond la mise en œuvre du fer. Dans tous ces beaux ouvrages, en effet, l'aspect n'est vraiment satisfaisant que si les armatures, tout en rassurant l'œil par leur solidité bien apparente, sont cependant assez souples, assez sveltes, assez légères pour que les feuilles d'ornement puissent paraître capables, en certains endroits, de servir de supports.

En outre, il est des convenances spéciales dont ceux qui façonnent le fer sont obligés de tenir compte. Si les grilles extérieures, nous l'avons maintes fois répété, constituent une défense, les grilles intérieures, les balcons, constituent, au contraire, une protection. On doit donc éviter dans la disposition de ces beaux ornements, le plus souvent découpés, barbelés, dentelés, qu'ils soient disposés de façon à égratigner l'épiderme des personnes qui s'en approchent ou bien à accrocher au passage les habits ou les robes. Pour les parties qui sont hors de portée, comme les amortissements de grille, les enseignes, les potences, etc., et même pour certains objets mobiliers qui ne sont point destinés à être maniés, tels que les cadres de miroir, les lanternes, le dessinateur peut se permettre toutes ses fantaisies et combiner à loisir les efflorescences de rinceaux qu'il lui plaît d'imaginer. Mais pour les appuis de fenêtre, les balcons et les rampes, il n'en est plus de même, et, afin d'éviter tout accident, les pointes des fleurons, si elles ne peuvent être supprimées, doivent être tout au moins rejetées en dehors[1].

Enfin, quels que soient le charme et la richesse de ces ornements, il ne faut en user qu'avec sobriété, et toujours se souvenir que, dans l'art du fer, comme, du reste, dans la plupart des autres arts de l'ameublement, l'utilité doit rester bien visible; et qu'en aucun cas la logique de la forme ne doit être subordonnée à l'abondance de l'ornementation ou aux exigences du décor.

---

1. Cette raison a fait substituer, dès le xviiie siècle, les *feuilles d'ornement* en cuivre fondu et ciselé aux feuilles de fer relevées. On trouve déjà dans les modèles de Fordrin l'indication de substitutions de ce genre. Duhamel du Monceau dit à ce propos que cette substitution du cuivre au fer « épargne de la peine et est préférable, parce que, les fleurons relevés étant fort minces, ils sont assez souvent rompus quand ils sont à portée de la main ». Au xviiie siècle, les ornements de la rampe de Saint-Roch furent fondus et ciselés par Gallien. La belle grille de la préfecture à Tours est également enrichie de feuilles d'ornement en bronze. De nos jours, on a exécuté un certain nombre de grilles décorées de la même façon. Nous citerons entre autres celles du château de Bagatelle, de la Sorbonne, etc.

XIV

DES FERMETURES INTÉRIEURES

Aux différentes manières de travailler le fer que nous venons de passer en revue, il faut en ajouter une dernière, qui n'est pas moins artistique. Nous voulons parler de la prise dans la masse, qui permet de confectionner ces précieux et coûteux ouvrages, que les serruriers dans leur langage imagé, disent « exécutés aux dépens du fer ». Mais cette dernière façon de façonner notre métal ne peut s'appliquer qu'à des pièces d'une étendue restreinte, et cette condition essentielle nous amène à nous occuper d'une nouvelle sorte de produits très différents des grands ouvrages qui nous ont retenus jusqu'à présent. Nous voulons parler des fermetures intérieures, des serrures, des verrous, des targettes, des boutons de porte, des clefs, etc., qui ont de tout temps fourni aux serruriers habiles le moyen de déployer leur goût et de montrer la variété de leurs talents.

« Il n'y a point de machines plus communes que les serrures, écrit Réaumur ; mais il n'y en a point qui soient aussi peu connues par ceux qui les emploient. Il est rare qu'on sache en quoi consiste la bonté d'une serrure, le degré de sûreté qu'on s'en peut promettre. Les usages importants auxquels elles sont employées devraient, cependant, exciter la curiosité de les connaître, si la curiosité était toujours excitée raisonnablement. » Il n'est, en effet, dans la serrurerie d'appartement, aucune pièce dont la confection exige plus d'ingéniosité et d'adresse. Aussi, au temps des anciennes corporations, était-ce toujours l'exécution d'une serrure ou d'une clef que les *Statuts* imposaient à l'aspirant à la maîtrise ; mais n'ayant ici à nous occuper de ces objets qu'au point de vue de leur décoration, nous ne dirons que quelques mots de leur construction, nous bornant sur ce point aux explications indispensables.

On sait qu'une serrure consiste en une sorte de boîte toujours rectangulaire, parfois carrée, qui renferme un ou plusieurs verrous auxquels on donne le nom de *pênes*[1], qu'on fait mouvoir au moyen d'un bouton ou d'une clef et qui, allant s'engager dans une gâche, ont pour mission de réunir solidement deux surfaces juxtaposées. Ainsi, chacun de ces appareils se compose de trois parties distinctes : la serrure proprement dite, la gâche et la clef. La serrure avec son mécanisme peut être dissimulée dans l'épaisseur du vantail qu'elle ferme, et les premières qu'on ait faites semblent avoir été de ce modèle. Par la suite on fit des serrures posées extérieurement et formant saillie sur le nu de la porte. Ces serrures prirent le nom de serrures à bosse. Dans le principe, la bosse était faite d'un seul morceau de fer battu, découpé et façonné au marteau. Plus tard la bosse fut remplacée par une boîte rectangulaire, faite de pièces assemblées, dont le fond se nomme palâtre, les côtés cloisons, et le côté à travers lequel passent les pênes, tête ou têtière. Parfois le palâtre est indépendant de la boîte ; dans les serrures communes il forme une de ses parois. C'est sur le palâtre que sont montées les pièces principales du mécanisme, au moyen d'étoquiaux, d'arrêts et de vis. Les palâtres sont presque toujours en fer ; quelques-uns sont en cuivre. Autrefois, même chez les grands seigneurs, on en faisait en bois. Les *Inventaires* et *Comptes* du XIVe et du XVe siècle mentionnent des « serrures de fust ».

Les pênes, que le mécanisme met en mouvement, peuvent être de différentes sortes. On distingue les pênes à demi-

---

1. On a longtemps appelé cet organe *pesle*, puis *pêle*, et cette prononciation était logique, puisque le mot est dérivé du latin *pessulus*. Mais au XVIIe siècle Félibien ayant adopté l'orthographe *pêne* et cette façon d'écrire ayant été suivie au XVIIIe siècle par Réaumur, elle a fini par prévaloir, quoique étant moins correcte.

tour, les pênes dormants, les gros pênes, les pênes fourchus, les pênes à verrou, etc. Sur les six faces que comporte une serrure, le palâtre en couvre cinq ; la sixième est fermée par une couverture ou par un foncet qui soutient le canon et une partie des garnitures. Indépendamment de ces pièces intérieures, le palâtre en porte extérieurement un certain nombre d'autres. Ce sont le cache-entrée, le

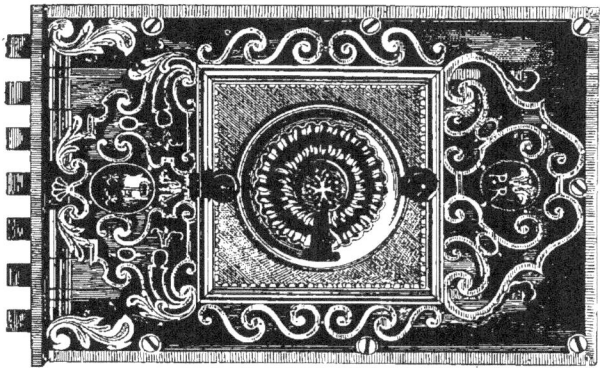

Fig. 78. — Serrure à palâtre ajouré, chef-d'œuvre de maîtrise. (XVIIIᵉ siècle.)

faux fond auquel tient la broche, le bouton à coulisse, le bouton coudé, etc.

Les serrures les plus ordinairement employées sont, dans le bâtiment : 1° les serrures à vrille, qui font marcher un loquet ; 2° les serrures à demi-tour, pour portes de placard ou de cabinet ; 3° les serrures à pêne dormant, noires ou blanchies ; 4° les serrures à tour et demi, dont les pênes agissent au moyen d'un bouton de coulisse ; 5° les serrures à deux pênes et foliot ; 6° les diverses sortes de serrures de sûreté, et 7° les serrures à pompe. Celles dont on se sert le plus généralement pour les meubles sont : 1° les serrures de tiroir à pêne dormant ou à tour et demi, dont les gorges peuvent être à galet ; 2° les serrures d'armoire à broche ou à canon, à tour et demi, à un ou à plusieurs pênes : 3° les serrures de coffres ou de malles, munies d'un *moraillon ;* 4° celles de coffret, qui sont à *obronnière*.

Mais ce qui caractérise essentiellement la serrure, ce qui en rend l'usage particulièrement utile et même indispensable, ce sont les pièces appelées communément les gardes, et comprises dans la serrurerie sous le nom plus général de garnitures. Ce sont elles qui empêchent les clefs privées de certaines entailles de faire mouvoir le mécanisme intérieur. Ces gardes, qui sont de cinq sortes principales, se trouvent, comme le reste du mécanisme, cachées aux regards, et n'exercent aucune influence sur la construction extérieure des serrures. Nous n'aurions donc point à en parler si par contre-coup elles n'influaient sur la figure de la clef.

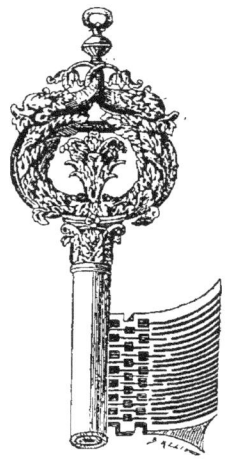

Fig. 79. — Clef à panneton taillé en peigne.

Toute clef se compose de quatre parties : d'une *tige* plus ou moins longue, d'un *anneau* soutenu par une *boucle* ou *embase*, et d'un *panneton*. La tige est généralement simple. Cependant on en a fait autrefois qui étaient cannelées et même rudentées. La tige est le plus souvent percée d'un trou sphérique. Dans les serrures anciennes on trouve certaines clefs dont la forure est découpée en trèfle, en pique ou lobée. Inutile de dire que ces clefs sont particulièrement soignées. Lorsque la serrure est *bénarde*, la tige de la clef demeure pleine et son extrémité est façonnée en bouton ; d'où son nom de *clef à bout*. Le panneton est presque toujours plat et coupé carrément ; celle de ses extrémités qui est parallèle à la tige et qu'on tient ordinairement un peu plus épaisse que le reste se nomme *museau*. Au siècle dernier on a confectionné des pannetons qui, courbés deux fois sur leur longueur, prirent le nom de *panneton en S,* parce qu'ils présentaient la figure de cette lettre. On en a fait également qui étaient découpés en lettres ou en chiffres arabes, en 2, en 3 et en Z. Parmi les clefs du xv° et du xvi° siècle, on

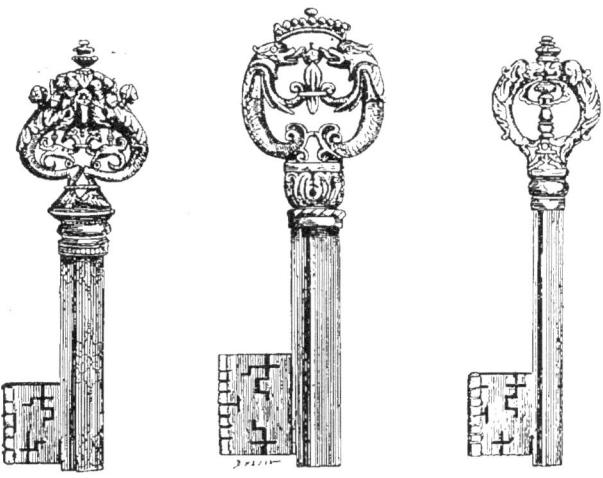

Fig. 80 à 82. — Clefs des xvii° et xviii° siècles. (Musée de Cluny.)

trouve parfois des pannetons dont le museau est taillé en *peigne.* Ces spécimens précieux montrent qu'à cette époque la serrurerie ne reculait devant aucune complication. Aujourd'hui on a renoncé à ces formes jugées trop fantaisistes ou trop coûteuses. On a conservé, toutefois, dans les serrures ordinaires, les principales entailles répondant aux gardes les plus usitées. Ces entailles sont de cinq sortes, qui portent les noms de *rouets,* de *bouterolles,* de *râteaux,* de *planches,* de *pertuis.*

Mais quelles que soient les complications qu'on croie devoir donner à la tige et au panneton, comme ces membres de la clef sont naturellement appelés à disparaître dans le corps même de la serrure, c'est sur les parties destinées à demeurer toujours visibles, c'est-à-dire sur la boucle ou embase et surtout sur l'anneau, que se concentre l'ingéniosité décorative de l'artiste. Sous ce rapport, beaucoup de clefs anciennes constituent de véritables petits chefs-d'œuvre d'élégance et de délicatesse d'exécution. Au xviiie siècle, la main-d'œuvre étant devenue beaucoup plus coûteuse, on substitua au fer pris dans la masse des anneaux en bronze fondu, ciselé et doré. Ces ouvrages, que Domenico Cucci[1] avait commencé de mettre à la mode au siècle précédent, portèrent un coup fatal à la belle serrurerie intérieure. Jusque-là on avait découpé dans la tôle, gravé et repoussé avec soin les *entrées,* c'est-à-dire les ornements en métal rapportés sur la porte autour du trou qui livre passage à la clef, et l'on peut voir, par les dessins de Pasquier de Focamberge et de Mathurin Jousse, quel parti les serruriers savaient tirer de cette nécessité de construction pour la décoration des portes. On relevait, repoussait et ciselait également dans la tôle, les verrous, plaques de serrure, targettes, etc.; et les magnifiques échantillons provenant d'Anet, d'Écouen, de Fontainebleau, montrent quel style les serruriers d'alors savaient imprimer à ces beaux ouvrages. Désormais les entrées furent fondues et ciselées en bronze. Il en alla de même pour les palâtres, pour les grands verrous de porte, pour les targettes et les petits verrous, pour les poignées d'espagnolettes, etc. Et bien qu'au xviie et au xviiie siècle on ait fabriqué dans ce genre des œuvres absolument admirables, — les fermetures de la chapelle de Versailles sont là pour le prouver, — peu à peu les serruriers se désintéressèrent de ces ouvrages exécutés dans un métal qui leur était moins familier que le fer, et dont leurs anciens Statuts leur interdisaient même la mise en œuvre. Aussi la confection de toutes ces fermetures élégantes et précieuses

1. Voir *Comptes des Bastimens,* col. 126, 181, 242, 243, etc.

passa-t-elle dans les mains des fondeurs, pour tomber plus tard dans le domaine de la quincaillerie.

Il en fut de même pour tous ces beaux morceaux de ferronnerie, parure des anciennes cheminées et qui, jusqu'au xviie siècle, étaient demeurés de la compétence du serrurier. Tant que dura cette promiscuité dans laquelle se plaisaient nos ancêtres du Moyen Age et de la Renaissance, tant que la cuisine servit de salon de compagnie, de salle à manger[1],

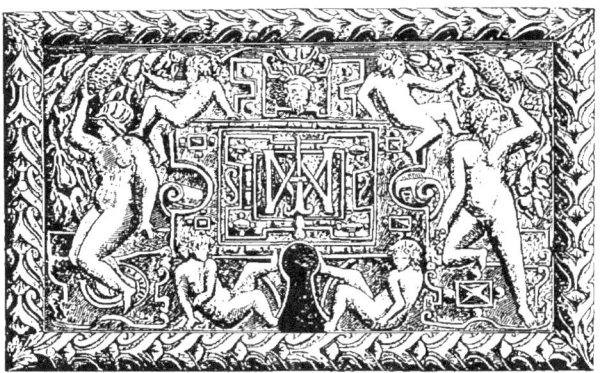

Fig. 83. — Plaque de serrure en tôle repoussée, provenant du château d'Écouen.
(xvie siècle.)

on dépensa un art charmant dans la confection des crémaillères, des grils et de ces énormes landiers, munis à leur partie supérieure de chaufferettes, ornement obligatoire de ces foyers primitifs. Plus tard, quand un classement plus rationnel s'opéra dans la destination des pièces, les landiers, les tenailles destinées à manier les lourdes bûches, les pelles ainsi que les pincettes fournirent au serrurier de nombreuses occasions d'exercer sa verve créatrice. Puis,

1. Voir ce que dit à ce sujet A. Maret dans son *Mémoire par lequel on cherche à déterminer quelle influence les mœurs des François ont sur leur santé*, couronné en 1762 par l'Académie d'Amiens.

avec la réduction des cheminées, les landiers disparurent pour faire place aux chenets. Ceux-ci, d'abord entièrement en fer, se terminèrent bientôt par des vases, des flammes, des boules de cuivre fondu ou tourné, souvent ciselé, parfois doré, et même par des ornements d'argent; les boutons et les poignées des pelles et des pincettes subirent le même

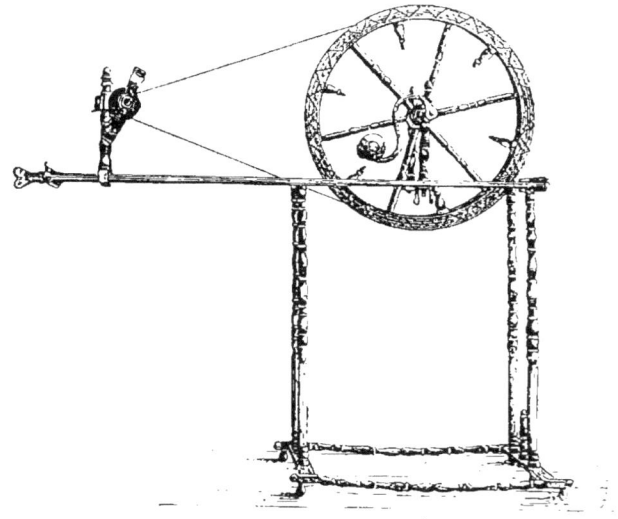

Fig. 84. — Rouet en fer forgé. (XVIᵉ siècle.)

sort, et partout le fer, superbe, il est vrai, d'énergie et de rudesse, mais froid à l'épiderme et dur au toucher, fit place à des métaux plus souples, plus confortables, si l'on peut dire ainsi, et qui s'harmonisaient mieux, il faut le reconnaître, avec les exigences d'une vie devenue progressivement plus douillette et plus intime.

C'est seulement depuis quarante ans que le goût des petits ouvrages du fer a repris chez nous une certaine importance. La fièvre d'archaïsme et de restitutions qui a commencé de sévir à cette époque les a remis à la mode.

LA SERRURERIE 105

Malheureusement l'augmentation considérable du prix de la main-d'œuvre rend de nos jours à peu près impossible la confection de tous ces objets d'un usage jadis courant, et dont les maisons de nos pères étaient si amplement garnies. Les pièces qui autrefois étaient d'un service continuel ont acquis par leur prix et leur rareté l'importance de véritables objets d'art. Mais de ce qu'on n'exécute plus de ces pelles, de ces pincettes, de ces verrous, de ces targettes en fer d'une façon normale et journalière, de ce qu'il serait bien difficile aujourd'hui de faire prendre et tailler dans la masse une de ces admirables serrures de coffre, qui furent si abondantes au xive et au xve siècle, il n'en résulte pas que les procédés employés pour obtenir de pareils morceaux doivent être passés sous silence, et c'est pourquoi nous consacrons un dernier chapitre à ces façons éminemment artistiques et beaucoup trop négligées.

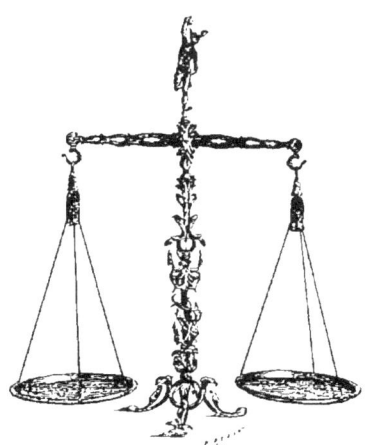

Fig. 85. — Balance en fer forgé et ciselé. (xviiie siècle.)

XV

LA PRISE DANS LA MASSE

Dans notre traité de l'ORFÈVRERIE (pages 15 et suivantes) nous avons eu occasion de parler de la façon dont les ciseleurs prennent l'argent dans la masse. Les procédés employés pour le fer ne s'éloignent pas essentiellement de ceux que nous avons décrits. Le genre de travail, dans les deux cas, est à peu près le même, et les quelques différences qu'on y constate, proviennent exclusivement des qualités distinctives des métaux mis en œuvre. Le fer, étant moins ductile et infiniment plus dur que l'argent, réclame à la fois plus de précautions et de force. En outre, quoique le serrurier, aussi bien que l'orfèvre, ne prenne guère dans la masse que les objets de taille relativement réduite, comme les ouvrages du fer sont généralement beaucoup plus considérables que ceux façonnés en métal précieux, il en résulte que les pièces exécutées par le serrurier sont par là même de dimensions plus importantes. Aussi, tandis que l'orfèvre se borne à tailler des pommeaux, des cachets et autres menus objets de toilette ou d'étagère, le serrurier prend dans la masse les clefs, les rosaces, les anneaux et jusqu'aux heurtoirs et marteaux de porte, d'un poids et d'un volume souvent fort élevés.

Pour exécuter ces différents ouvrages, on choisit un morceau de fer le plus doux et le plus corroyé qu'il soit possible. On le forge d'épaisseur, en se rapprochant du contour qu'on veut donner à l'objet. On améliore ce contour à la lime ; puis, ayant collé sur la masse un papier qui porte le décalque du dessin d'ensemble, on perce à l'aide du foret une quantité de trous dans toutes les parties appelées à disparaître ; et, faisant tomber avec le ciseau et le burin le métal qui demeure entre ces trous, on perfectionne les ajours avec des limes différentes de formes et de grosseur qui mettent la pièce dans ses profils.

Ceci fait, le travail du sculpteur commence. A l'aide de ciseaux plus ou moins gros, mais très durement trempés, de gouges, de grains d'orge, de burins, en un mot d'outils très tranchants et faits d'excellent acier, celui-ci taille, coupe, incise et creuse le métal. Conduisant son outil de

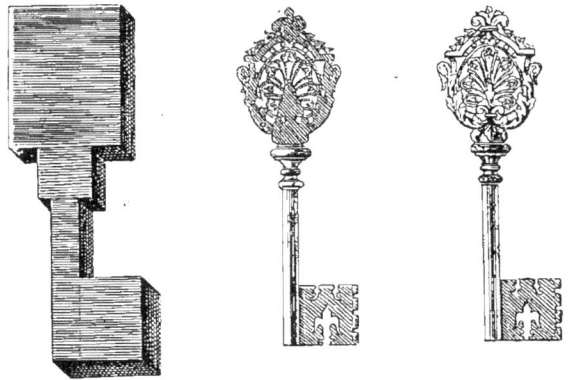

Fig. 86 à 88. — Clef prise dans la masse. — La masse forgée. — La pièce détourée et mise dans ses profils. — La pièce achevée.

la main gauche et le frappant avec un léger marteau tenu de la main droite, il détache en copeaux les parties qui doivent tomber, et usant au cours de son travail de forets de tailles variées pour fouiller les creux, et de limes qui changent de dimensions et d'aspect suivant les endroits qu'il s'agit de reprendre, il achève de donner à la pièce sa forme définitive. Puis, quand celle-ci est acquise, il termine en gratifiant les surfaces du fini et du précieux qu'elles comportent, avec une série de poinçons, de ciselets, de matoirs et autres outils non tranchants. Enfin, avec des baguettes de bois appointé, trempées dans l'huile et ensuite dans l'émeri, il polit les parties qui doivent être brillantes

Nous avons dit, dans notre précédent chapitre, que ce procédé essentiellement artistique était assez peu employé aujourd'hui. Nous avons expliqué que jadis il n'en allait pas de même. Les nombreux ouvrages que l'on rencontre dans les collections publiques et privées, les admirables serrures de coffres du XIVe et du XVe siècle, qui présentent parfois à nos regards toute une suite de saints personnages finement sculptés en ronde-bosse, montés sur de petites consoles et abrités sous des dais minuscules, montrent assez quel parti nos ancêtres savaient tirer de ce procédé éminemment artistique. Chacun de ces petits personnages emblématiques, leurs dais, leurs supports et souvent les colonnettes, les pilastres, les arcatures qui les encadrent, ont été pris, en effet, dans la masse, taillés, sculptés, ciselés séparément, et réunis ensuite au corps de la pièce à l'aide de rivets, de goujons, de goupilles. Il en est de même pour les moraillons de ces serrures si finement historiées, pour les boutons de verrous représentant parfois des têtes, des bustes, des armoiries, et, nous l'avons dit, pour les pièces plus importantes, telles qu'anneaux et marteaux de porte, etc.

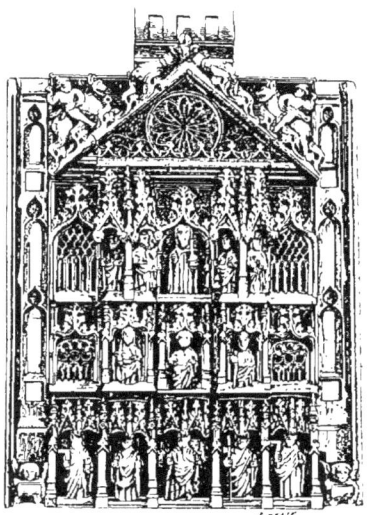

Fig. 89. — Serrure de coffre, avec figures et ornements pris dans la masse.

Ces derniers, en effet, durant tout le Moyen Age, furent agrémentés de petits personnages analogues à ceux que nous venons de décrire, ou encore d'animaux symboliques, de monstres, de dragons, de lions, d'ours ajustés au battant du heurtoir, avec d'autant plus de soin qu'étant appelés à subir journellement des chocs violents, il leur fallait offrir une résistance toute particulière. Plus tard, quand l'Olympe eut, dans les préoccupations de la haute société, remplacé le paradis si cher à tout le Moyen Age, les sirènes décevantes et les satyres prirent la place des monstres héraldiques et des saints. Puis, avec le temps, l'utile et le commode se substituant à l'agréable, les marteaux de porte se bornèrent à présenter des boucles plus ou moins ornées et enrichies à leur centre d'une boule facile à saisir. Mais on continua à fabriquer ces sortes d'objets aux dépens du fer jusqu'au moment où la main-d'œuvre, devenue de plus en plus coûteuse, força de recourir aux moyens expéditifs et aux procédés mécaniques. Alors on employa le tour à la fabrication de ces boucles. Puis on essaya de remplacer le fer pris dans la masse par le bronze fondu. Mais le cuivre, qui devait dans les fermetures intérieures se substituer progressivement au fer pris dans la masse, resta moins employé pour les marteaux et les heurtoirs. Facile à dénaturer, il a toujours eu le fâcheux privilège de tenter la cupidité des filous. Aussi, comme le

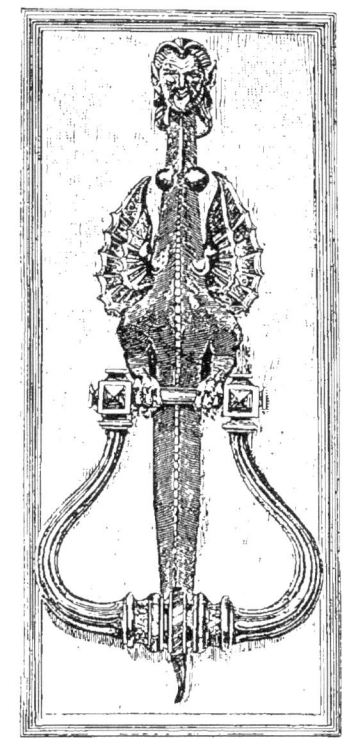

Fig. 90. — Heurtoir pris dans la masse, exécuté par MM. Moreau frères.

remarque Duhamel du Monceau[1], ces ornements extérieurs présentent « l'inconvénient d'être exposés à être brisés et volés », on revint au fer, et l'on continua de façonner de ces belles boules, simples d'aspect, mais riches de contours et d'un dessin si plantureux, d'une exécution si large, si grasse, que, devenues des ornements après avoir été des objets utiles, elles continuent d'être en honneur bien que les sonnettes aient depuis longtemps remplacé les marteaux.

Parmi les objets d'usage courant que les serruriers ont de tout temps pris dans la masse, il convient de citer encore les clefs. Un nombre considérable de clefs du Moyen Age et de la Renaissance nous ont été conservées qui sont de véritables bijoux. Élégance de forme, finesse d'exécution, délicatesse de ciselure, richesse de détails, complication parfois un peu exagérée des ornements, n'altérant en rien, toutefois, la grâce de l'ensemble, tout se trouve réuni en ces petits chefs-d'œuvre pour en faire des objets d'art d'un ordre très élevé. — Chefs-d'œuvre au surplus est le nom qui leur convient, car jusqu'à la fin de l'Ancien Régime, la clef enlevée dans la masse, repercée, sculptée au burin et à la gouge, reprise à la lime, achevée au ciselet, constitua par excellence une des pièces de maîtrise qu'on exigeait des compagnons serruriers. Et ce n'était que justice, car la clef demeura à toutes les époques l'emblème du bel art qui nous occupe, figurant en quelque sorte les armes parlantes de la corporation.

Cette habitude de demander aux futurs maîtres une clef exécutée aux dépens du fer amena les jurés de la Communauté, pour égaliser les chances des candidats, à adopter un type uniforme. Particularité curieuse, ce type, qui consistait en une tige sans anneau se terminant par une sorte de petite tour crénelée, apparut, en ses premiers spécimens, au cours du XIVe siècle, et continua d'être imposé aux

---

1. *L'Art du serrurier.*

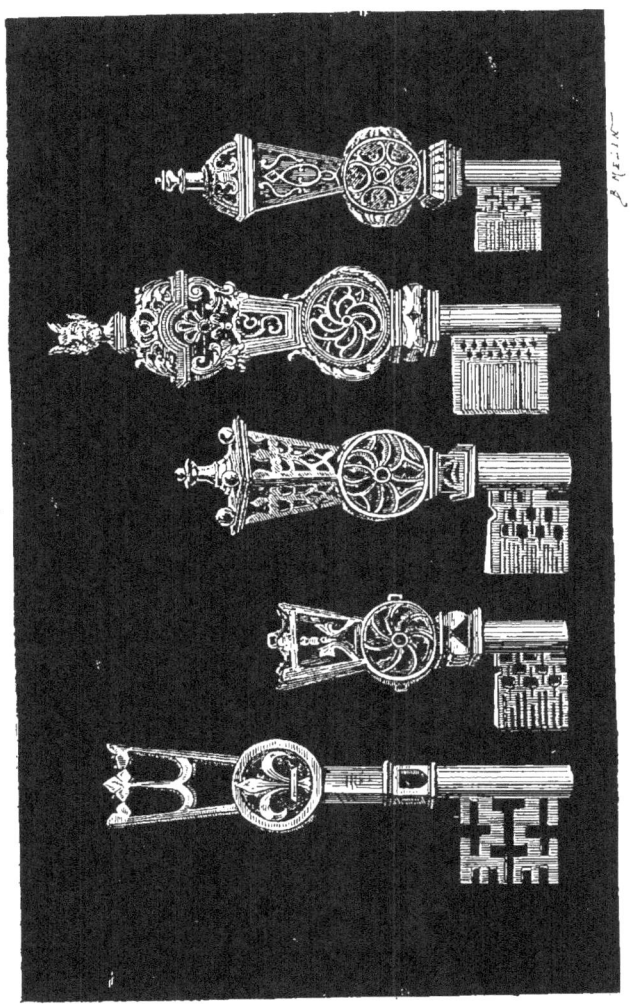

Fig. 91 à 95. — Clefs ajourées, prises dans la masse (chefs-d'œuvre de maîtrise).
XIVe siècle. XVe siècle. XVIe siècle. XVIIe siècle. XVIIIe siècle.

candidats pendant près de cinq cents ans[1]. Toutefois, ce serait mal connaître l'ingéniosité de nos vieux serruriers que de les supposer copistes trop fidèles et reproducteurs inintelligents. Chaque siècle entraîna des transformations dans le goût, et ces transformations se reflétèrent dans la façon d'interpréter le modèle obligatoire; on respecta à peu près la forme initiale ou pour mieux dire l'intention qui avait présidé au choix et à l'élaboration de cette forme, mais chaque période modifia au goût du jour le programme que ses candidats avaient à subir. La réunion de cinq de ces petits chefs-d'œuvre (fig. 91 à 95) qui accompagnent ce chapitre montre assez quelle transformation ce modèle singulier subit en traversant les âges.

Nous ajouterons que, pour la confection des clefs d'armoire, de coffre et même d'appartement, qui furent toujours fabriquées en nombre, à partir du xvie siècle, bien qu'on continuât de les exécuter aux dépens du fer, on commença d'employer des procédés économiques. On leur donna d'abord leur forme générale à l'étampe, ce qui diminuait considérablement la première partie du travail. Une fois cette forme imprimée, on n'avait plus qu'à évider l'anneau, à aviver au burin l'ornementation, qu'on achevait au ciselet et au rifloir. Plus tard on substitua au travail toujours un peu incertain de l'étampe l'action plus précise du balancier, saisissant la pièce rougie et la forçant, par une énergique pression, à épouser le dessin gravé dans ses matrices. Mais ces simplifications de travail, auxquelles on recourut aussi pour la confection des poignées de tirage, des rosaces, des pommes de pelles et de pincettes, etc., exigeaient, nous l'avons dit, une fabrication courante. Le prix toujours élevé des étampes et des matrices, pour ne pas devenir

1. On peut dire que ce type demeura en honneur presque jusqu'à la fin de la corporation, car une gravure de Billé (voir la suite de ses planches, pl. XIV, fig. 8) datée de 1776 le fait figurer parmi les pièces qu'on demandait encore à cette époque.

trop onéreux, demande, en effet, à être réparti sur une certaine quantité d'objets fabriqués. Pour les pièces uniques ou exceptionnelles on continua de prendre dans la masse. Ce genre de travail, toutefois, se fit de plus en plus rare, et, pour des raisons que nous avons déjà dites, on fut insensiblement amené à donner la préférence au bronze fondu et ciselé et même à l'argent, d'un mise en œuvre infiniment plus aisée.

Tels sont les différents modes de fabrication, les différents procédés employés par les serruriers pour l'exécution de ces beaux ouvrages qui nous séduisent par la noblesse de leurs formes, par la beauté de leurs contours et par le contraste que présente leur souplesse élégante comparée à la rudesse du métal employé. En décrivant sommairement ces modes et ces procédés, nous n'avons point eu la prétention d'enseigner la pratique d'un art qui, plus que tout autre, réclame un long entraînement, un exercice assidu, une éducation laborieuse. C'est à force de forger que l'on devient forgeron. C'est seulement devant l'enclume ou devant l'établi, le marteau ou la lime à la main, qu'on peut devenir un serrurier émérite. Aussi notre but, infiniment plus modeste, se trouvera-t-il atteint si nous avons suffisamment éveillé l'attention de nos lecteurs pour que dorénavant ils prennent quelque plaisir à remarquer les curieuses œuvres de fer qui foisonnent encore dans nos palais, dans nos édifices publics et nos habitations privées, et pour qu'ils s'intéressent à la contemplation de ce qu'on peut appeler, sans exagération et sans emphase, « les Beautés de la Serrurerie ».

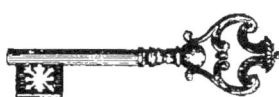

Fig. 96. — Clef étampée et reprise à la lime et au ciselet.

LA SERRURERIE

DEUXIÈME PARTIE

RÉSUMÉ HISTORIQUE

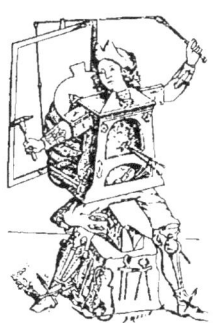

Fig. 97. — Le costume emblématique du serrurier d'après une estampe de Larmessin. (XVIIe siècle.)

Fig. 98. — Couronnement de grille symbolisant la profession du Serrurier. Composition de Lamour.

I

LES PREMIERS TEMPS

E tous les instincts, de tous les besoins qui, depuis le berceau jusqu'au déclin de la vie, hantent le cœur et le cerveau de l'homme, il n'en est pas qui soient à la fois plus intenses et plus généralement répandus, et nous ajouterons plus naturels et plus excusables, que le désir, que la volonté de conserver les biens dont on a pu devenir le possesseur.

Dans toutes les contrées, à toutes les époques de l'histoire, aussi bien chez les peuples les plus sauvages que chez les nations les plus civilisées, — et, chez ces dernières, à tous les degrés de l'échelle sociale, — ce besoin, cette volonté, se sont constamment manifestés avec une ténacité très particulière.

Tant que la principale richesse consista dans la possession des troupeaux et des biens de terre, l'homme s'appliqua par sa vigilance personnelle à prévenir, à empêcher les déprédations; mais quand les progrès des arts et des industries eurent mis en son pouvoir des matières ou des objets plus précieux à ses yeux que les troupeaux et les récoltes, il lui sembla que sa vigilance n'était plus suffisante pour sauvegarder de pareils trésors. Alors il construisit des réduits pour les abriter, et combina des fermetures pour les *serrer*[1] et les préserver de toute atteinte. On peut conclure de cette constatation que la serrurerie est aussi vieille que l'industrie humaine.

Malheureusement cet art utile, précieux, indispensable, n'a laissé de ses premières manifestations que des traces assez confuses. Les Égyptiens connurent-ils les serrures proprement dites ? M. A. Pierret ne le croit pas[2]. Ils se servirent toutefois de clefs, puisque, grâce à Vilkinson[3], nous possédons le dessin d'une de celles-ci, à panneton en forme de trident. Ils firent également usage de cadenas, car le Louvre en conserve un fort curieux, affectant la forme d'un poisson dans la tête duquel entre la pièce de fermeture. Pour les Grecs, il ne saurait y avoir d'indécision. Homère[4], en effet, nous montre Pénélope, lorsqu'elle va chercher l'arc fameux d'Ulysse, « prenant une belle clef d'airain recourbée en faucille » et se rendant en l'endroit reculé du palais où les trésors du roi étaient gardés avec soin. Et à la page suivante : « Elle ne balance plus, ajoute le poète; sa main dégage promptement la courroie liée à l'anneau, dirige la clef dans la serrure, le pêne fuit, et les superbes battants roulent des deux parts avec un long mugissement ».

Cette serrurerie primitive, qu'on pourrait presque qualifier de préhistorique, était-elle, comme la nôtre, fabriquée en fer ? Nous ne le pensons pas. Ce métal, encore fort rare

---

1. Voir page 4 pour la signification de ce mot.
2. *Dictionnaire d'Archéologie égyptienne*, p. 133.
3. *Manners and customs of the ancient Egyptians*, II, p. 112.
4. *Odyssée*, chant XXI.

et par suite peu connu, était réservé pour les ustensiles du plus haut prix, et conservé à l'égal des matières les plus précieuses. Dix-sept cents ans avant notre ère, un officier de Thouthmès III rapportait de Syrie, comme objets d'une valeur exceptionnelle, des vases de fer à manches d'argent. Les Égyptiens, à une date très postérieure, témoignaient encore à l'égard de ce métal une sorte de crainte superstitieuse, et l'employaient dans certaines cérémonies liturgiques. Chez les Grecs, à l'époque de la guerre de Troie, le « fer ouvragé » était conservé avec l'or parmi « les trésors les plus précieux » des rois[1]. Huit cents ans plus tard, il possédait encore un tel prestige, que sa mise en œuvre n'entraînait aucune déchéance dans ces démocraties républicaines, où ceux qui pratiquaient les arts industriels étaient tenus cependant en si parfait mépris. Plutarque, à la suite de Théopompe, n'hésite pas à qualifier le père de Démosthènes d' « homme de bien et d'honneur », quoiqu'on l'eût surnommé « Machæropœus, c'est-à-dire forgeron d'espées, pour ce qu'il avoit un grand atelier où il tenoit plusieurs ouvriers qui en forgeoient[2] ». Enfin chez les Romains eux-mêmes le fer était spécialement réservé pour les plus nobles usages. Les ouvrages ordinaires de fermeture, grilles, pentures, traverses, etc., étaient généralement en bronze fondu et ciselé. Il en était de même pour les instruments d'un usage journalier, et une communication récente faite par M. Wolfgang Helbig à l'Académie des Inscriptions, établit que les principaux outils dont se servaient les artisans romains étaient formés d'un alliage de bronze d'une dureté extraordinaire.

Il fallut l'abondance considérable de fer qu'on trouvait

---

1. *Odyssée*, loco cit.
2. Plutarque, *Démosthènes*, VI, traduction d'Amyot, t. VIII, p. 12. — M. Dacier (*Vies de Plutarque*, t. XI, p. 6), qui traduit le surnom du père de Démosthènes par le mot *fourbisseur*, écrit : « Il était un des plus honnêtes hommes et des premiers citoyens de la ville. »

en Gaule jointe à la longue expérience et à la grande habileté que nos ancêtres avaient acquises dans le traitement de ce métal, pour faire entrer la serrurerie dans la voie si brillante et si personnelle qu'elle allait parcourir. Encore, pendant longtemps, l'existence de ce bel art du fer demeurat-elle singulièrement mystérieuse. Une sorte de fatalité semble, en effet, avoir pesé sur lui. La renommée, si prolixe de renseignements sur tant de sujets qui nous intéressent médiocrement, se montre silencieuse à l'excès pour tout ce qui le concerne. Nous avons dit un mot de la vénération superstitieuse que les Égyptiens nourrissaient à son endroit. Si les Grecs, à l'instar des Assyriens et des Hébreux, rangèrent leurs premiers forgerons au nombre des bienfaiteurs de l'humanité; s'ils firent des cyclopes des êtres surhumains, qu'ils placèrent sous la conduite d'un dieu, encore eurent-ils bien soin de cacher leurs forges dans les profondeurs de l'Etna et de les rendre inaccessibles aux regards des mortels. Ajoutons que l'histoire de Rome, à cet égard, est aussi réservée que celle de Sparte et d'Athènes, et ce n'est point aux temps troublés qui marquent la chute de l'Empire Romain et la constitution de nos premières dynasties nationales, qu'il faut demander des renseignements précis sur les arts.

Bien mieux, les grands ouvrages qui, à défaut des textes, auraient pu éclaircir de quelques lueurs cette obscurité si profonde, font également défaut. A l'exception d'une prodigieuse quantité de clefs et de quelques anneaux livrés par les fouilles du Palatin, par l'exhumation d'Herculanum et de Pompeï et par nos nécropoles mérovingiennes, il ne nous est rien ou presque rien parvenu de ces temps lointains. La rouille impitoyable a tout dévoré. Nous ne connaissons guère, en fait de clôtures métalliques antérieures à l'an 1000, que la grille dont Charlemagne gratifia l'église Notre-Dame d'Aix-la-Chapelle. Encore cette grille — comme celle dont Suger enrichit trois siècles plus tard la basilique de Saint-

Denis — était-elle en cuivre fondu. Il nous faut arriver au commencement du XIIe siècle pour trouver, avec les clôtures de Notre-Dame du Puy, de l'église de Conques (Aveyron), de l'église de la Brède (Gironde), des témoignages de la magistrale habileté de nos vieux forgerons, et c'est seulement au siècle suivant que nous rencontrons enfin un ensemble de documents écrits, qui peuvent servir de base à l'histoire de la Serrurerie.

Cet ensemble de documents nous est fourni par le livre précieux dans lequel, sur l'ordre de saint Louis, le prévôt des marchands Étienne Boileau réunit et codifia les usages, qui faisaient de son temps la loi des principaux métiers parisiens. Or, ce registre nous place en présence de trois groupements distincts, possédant chacun leur autonomie propre, et attestant, par conséquent, la pratique déjà fort ancienne chez nous de la mise en œuvre du fer.

Le premier, et de beaucoup le plus important de ces trois groupes, était celui des FÈVRES, qui se subdivisait lui-même en cinq classes : 1° les *maréchaux,* dont la spécialité est connue et qui, en un temps où la chevalerie était regardée comme le pivot de l'État, avaient forcément une importance qu'ils ont depuis perdue ; 2° les *veilliers,* qui façonnaient les vis, les vrilles, les forets, et aussi sans doute la clouterie et les principaux outils ; 3° les *greiffiers,* auxquels on demandait les greiffes ou agrafes, c'est-à-dire les attaches, les liens, les ancres, les brides, les tirants, etc., employés par les charpentiers et les maçons pour retenir et consolider les édifices, tous objets qui, jusqu'au XVIIe siècle, se traduisirent au dehors par des combinaisons d'entrelacs, de chiffres, de dates, extrêmement décoratifs ; 4° les *heaumiers* ou fabricants de casques et de cuirasses, et enfin 5° les *grossiers,* chargés d'exécuter les gros ouvrages de fer, tels que grilles, rampes, chenets, landiers, et aussi les fournitures de taillanderie. Cette dernière catégorie, la seule en l'espèce qui présente pour nous un sérieux intérêt, devait par la suite quitter le premier groupe pour se joindre au second, dont il sera parlé tout à l'heure.

Les *Statuts* des Fèvres, tels qu'ils furent consignés par Étienne Boileau, n'offrent aucune particularité bien typique. Les membres de la corporation étaient hiérarchiquement placés sous la juridiction du « Mestre mareschal » du roi, qui « vendoit le mestier » à ceux qui voulaient s'établir. Le prix en était généralement de cinq sols, qui s'augmentaient d'une redevance de six deniers payée au roi. Le nouveau maître devait jurer de *garder* le mestier « bien et loiaument », et d'observer strictement les us et coutumes établis par ses devanciers. Il était libre d'exercer sa profession en tout temps, même la nuit, et d'avoir autant d'apprentis et d'ouvriers qu'il le jugeait nécessaire. Tout manquement était puni d'une amende, et en cas de résistance le délinquant était privé de son privilège, sa « forge abattue », et en dernier ressort, il se voyait déféré au prévôt de Paris, qui avait ordre de se saisir de sa personne.

Le second groupe portait le nom de Serruriers de Paris. Il relevait aussi du Maître maréchal du roi, auquel il devait également acheter le métier et au même prix. Il n'était tenu, par contre, qu'à un denier de redevance annuelle. Par les *Statuts* il était interdit au maître de vendre aucune serrure neuve qui ne fût garnie de toutes ses gardes, et par conséquent en état de bien fonctionner ; de faire aucune clef d'après une empreinte et sans avoir la serrure « devant lui en son hostel », — c'est-à-dire en son atelier, précaution ingénieuse pour prévenir les vols en empêchant la fabrication des fausses clefs. — Il lui était, en outre, enjoint de ne travailler que le jour, « quar la veue de la nuit n'est pas souffisant à faire si soutil oevre ». Le nombre des ouvriers et celui des apprentis n'était pas limité. Toute contravention était punie de cinq sols d'amende versée au prévôt, quatre deniers au Maître des maréchaux, et toutes les œuvres mal faites étaient saisies et brûlées.

Le troisième groupe comprenait les fabricants de serrures pour coffrets, boîtes, etc. Il était désigné sous le nom de Serruriers de laiton, à cause du métal que ses adhérents employaient plus spécialement. Cette profession, par cela même très distincte des précédentes, n'était plus placée comme celle-ci sous la juridiction du Maître des maréchaux, dont l'autorité s'étendait uniquement sur les artisans du fer. Aussi le métier était-il accessible à qui voulait l'entreprendre, à condition, toutefois, de se conformer aux Statuts. Ceux-ci ne permettaient qu'un apprenti pour chaque atelier. La durée de l'apprentissage était de sept ans. Si, au cours de ce temps, l'apprenti venait à quitter son patron, celui-ci devait faire son possible pour se ressaisir de sa personne, et, en cas de non-réussite, ne pouvait reprendre un nouvel apprenti avant l'expiration du terme légal du contrat non exécuté. Il était, en outre, défendu au maître ainsi qu'à ses ouvriers de travailler de nuit, ni le samedi après le dernier coup de vêpres, sous peine d'une amende de deux sols. Toutes les serrures livrées devaient être munies de leurs gardes et en bon état, et les contraventions entraînaient, avec une amende de six sols parisis, la destruction de la pièce saisie. Défense était également faite, sous peine de cinq sols d'amende, d' « afaitier », c'est-à-dire de remettre à neuf de vieilles serrures pour le compte des gainiers, merciers et coffretiers, parce que ces derniers les revendaient comme neuves. Enfin, tout étranger venant pour exercer la profession, était tenu de faire constater par les maîtres, qu'il était capable et qu'il avait déjà travaillé au moins sept ans dans la partie. Celui qui l'employait sans avoir fait procéder à cette constatation était passible de cinq sous d'amende.

Tels étaient les Statuts qui régissaient, au XIIIe siècle, ces trois corps d'état alors distincts, et qui devaient par la suite se réunir pour n'en former qu'un seul.

II

LE MOYEN AGE. — LES GRANDES CLÔTURES.

Nous ne nous occuperons pas dans cette rapide étude des *Serruriers de laiton ;* ils paraissent, au surplus, avoir été absorbés dès le XIIIe siècle par leurs confrères les *Serruriers de Paris.* Les *Registres de la taille* de 1292, qui nous livrent les noms et les adresses de vingt-cinq serruriers parisiens, aussi bien que ceux de la taille de 1313, où l'on en relève dix-sept, n'établissent aucune différence entre ces deux corps d'états, si nettement séparés dès l'origine. Il est assez probable qu'à ce moment la fusion était déjà accomplie. Elle n'allait pas tarder à s'opérer avec les *Fèvres,* que ces registres nous signalent comme étant au nombre de trente-deux. Les premiers remaniements que subirent les règlements régissant ces divers métiers durent, en effet, amener un groupement rendu indispensable par la communauté des travaux et la similitude de la main-d'œuvre. Ce fut en novembre 1411 que le roi Charles VI modifia et confirma les privilèges des serruriers, et à partir de cette époque il n'est plus question, dans les textes officiels, ni des *Fèvres-grossiers* ni des *Serruriers de laiton.* Dès la fin du XVe siècle, la Communauté ainsi renforcée comptait parmi les plus considérables et les plus riches de la capitale, et le 16 juin 1549, quand les bourgeois de Paris se rendirent au-devant de Henri II faisant son Entrée solennelle, elle était représentée par soixante maîtres bien équipés. De toutes les corporations parisiennes, quatre seulement avaient envoyé une députation plus imposante.

A défaut d'indications plus précises fournies par les documents corporatifs, il importe de remarquer que les très nombreuses et très artistiques serrures de coffres exécutées en fer, qui nous sont restées du xiv⁰ et du xv⁰ siècle, attestent que, dès ces lointaines époques, le cuivre et le laiton avaient été à peu près abandonnés pour ce genre de fermetures. Il est à observer, en outre, qu'aucune de ces serrures de laiton n'est parvenue jusqu'à nous, et elles durent, pourtant, dans le principe, être fort abondantes, puisque leur fabrication suffisait à occuper un corps de mé-

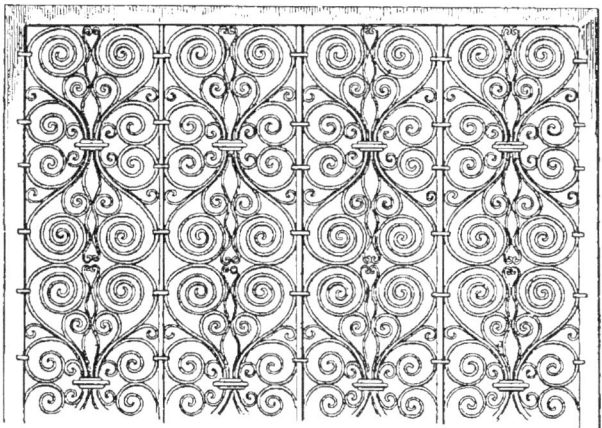

Fig. 100. — Grille ouvrante, donnant accès dans le cloître de la cathédrale du Puy.

tier. Il est vraisemblable que toutes auront été refondues, à cause de la valeur du métal. Nous ne retiendrons donc de cette division en deux classes distinctes qu'une seule indication : c'est qu'au xi⁰ et au xii⁰ siècle, le prix du fer travaillé devait être encore fort élevé, puisque l'on employait conjointement avec lui d'autres métaux relativement chers[1].

1. Une autre preuve de cette élévation de prix nous est fournie par la présence même, dans les habitations les plus considérables et chez les princes les plus puissants, de serrures « de fust », autrement dit de bois. C'est ainsi qu'en 1334 au château de Rouen, résidence du duc de Normandie ; en 1391 dans l'hôtel du duc de Berry ; en 1417 au château de Senlis, habité par la reine Isabeau de Bavière (Voir *Dictionnaire de l'ameublement*, t. IV, p. 970), on trouve

Cette constatation a son importance, car elle explique comment les vastes ouvrages de serrurerie, les grandes grilles extérieures notamment, demeurèrent à peu près inconnus pendant tout le Moyen Age. Il ne paraît pas, en effet, qu'on ait fait usage, avant le XVIIe siècle, de ces sortes de fermetures pour enclore des espaces découverts. Nous n'avons point trouvé trace, du moins avant cette époque, de travaux de cette nature. Les serruriers eux-mêmes — j'entends ceux qui, avant 1650, se mêlèrent d'écrire sur leur art ou de composer des modèles pour leurs confrères : P. Clary (1614), Pasquier de Focamberge (1625), Honorat Tacussé (1630), etc. — ne nous ont laissé aucune description ni aucune image de ce genre, et dans le livre de Mathurin Jousse, considéré comme classique, il n'est question que d'une sorte de grilles, les *grilles entrelacées*[1], dont les combinaisons ne sont guère utilisables que pour la clôture de baies d'une étendue restreinte. On peut donc conclure de ce qui précède que le Moyen Age, en fait de grilles importantes, ne connut que les grilles intérieures, et en fait de clôtures extérieures, ne fabriqua que des parties dormantes fermant des impostes, des soupiraux, des fenêtres, auxquelles on peut ajouter certains travaux de défense, les herses notamment, et aussi quelques portes de fer, si tant est que ces dernières puissent être rangées parmi les ouvrages extérieurs[2].

de ces serrures économiques, dont la fabrication, au surplus, continua d'être encore fort longtemps usitée, car la *Fidelle ouverture de l'Art du serrurier*, publiée par Mathurin Jousse en 1627, indique la façon dont ces sortes d'ouvrages sont confectionnés. Ce livre curieux contient, en effet, un chapitre X portant ce titre singulier : *Pour forger serrures en bois*. Il nous souvient en outre d'avoir vu dans le centre de la France, à Angoulême notamment, quelques échantillons de cette serrurerie primitive. Ajoutons que la grande porte de la cathédrale de Tours possède encore sur son vantail gauche une énorme « serrure de fust », qui paraît remonter au XVIe siècle.

1. *Loco cit.*, chap. LIV, p. 109 et suiv.
2. On voit par là quelle faute ont commise certains serruriers con-

Une de ces grilles ouvrantes — la plus ancienne peut-être qui soit parvenue jusqu'à nous — est celle qui sert de porte au cloître de la cathédrale du Puy (Loire) (voir fig. 100). Ce beau morceau de serrurerie, qui constitue une véritable œuvre d'art, paraît dater des premières années du XIIe siècle.

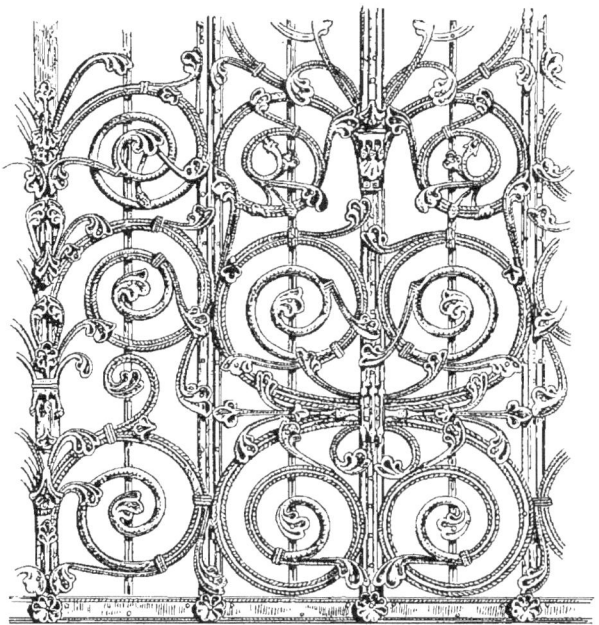

Fig. 101. — Grille de l'abbaye de Saint-Denis (d'après la restitution de M. Viollet-le-Duc).

Son ordonnance se compose de montants reliés ensemble par des brindilles soudées à des embrasses et retenues aux montants par des liens simplement contournés à chaud et soudés. Ce système de construction assurément ingénieux, employé dans un certain nombre d'ouvrages de cette épo-

temporains qui ont pris pour modèles de grilles extérieures à grand développement, des fragments de grilles intérieures dont l'étendue était forcément limitée.

que, et notamment pour les portes de l'abbaye d'Ourscamp près Saint-Omer[1] (voir fig. 58), paraît être demeuré en usage jusqu'au milieu du xve siècle. Avant cette date, toutefois, trouvant ces combinaisons trop simples dénuées d'ampleur et de richesse, nos serruriers s'étaient avisés de terminer les brindilles en fleurons ou feuillages étampés qui, variant l'aspect des petits fers, enlevaient à leur composition une partie de sa primitive maigreur. Ces fleurons, ces feuillages, dont les contours furent d'abord étampés sur le plat et plus tard sur le champ du fer, comme on peut le voir dans certaines grilles de la cathédrale de Reims, de l'église de Braisne et de l'abbaye de Saint-Denis (voir fig. 101), permettaient, quand cela semblait nécessaire, de consolider l'armature de la grille, en faisant mordre les uns sur les autres les divers enroulements et en les rivant à chacun de leurs points de contact, entre eux d'abord et ensuite aux montants. Mais bientôt ces façons, très compliquées et d'une exécution toujours difficile, car la pièce, avant son achèvement, devait passer au feu un grand nombre de fois, subirent quelques simplifications. Des plaques de fer battu découpées et légèrement étampées furent substituées aux ornements étampés en plein métal, et l'on arriva ainsi avec des moyens plus rapides à des effets également fort décoratifs. Ces découpures de fer battu furent d'abord soudées aux gros fers et aux brindilles, puis par la suite tout simplement rivées. Ainsi, à mesure que l'industrie se perfectionnait, la main-d'œuvre se simplifiait également et perdait de ses qualités héroïques.

Le système de construction de ces grands ouvrages ne fut point sensiblement modifié toutefois. Jusqu'à la fin du xve siècle les serruriers demeurèrent fidèles à leurs principes traditionnels, et l'on peut voir encore dans la grande cour

---

1. Ces belles portes font aujourd'hui partie de la collection Lesecq des Tourelles.

de l'école des Beaux-Arts des fragments d'une grille exécutée à l'aurore de la Renaissance pour l'abbaye de Saint-Denis, et qui est, comme ses devancières, composée de montants et de brindilles retenus par des liens recourbés et soudés à chaud. Elle ne comporte même aucune de ces adjonctions d'étampage ou de fers étirés et découpés dont le Moyen Age, à partir du xve siècle, enrichit la plupart de ses grilles[1]. Mais tous ces ouvrages, nous l'avons dit, appartiennent, et comme composition et comme structure, à la grande classe des grilles intérieures. On y chercherait vainement, même à l'état embryonnaire, le point de départ de ces vastes travées qui, à partir du xviie siècle, devaient enclore de grands espaces, et qui, suivant l'expression à la fois très juste et très pittoresque de Mercier, « ont l'avantage d'orner le point de vue sans le détruire[2] ». C'est plutôt dans les ferrures extérieures des fenêtres qu'on découvre l'origine de leur ingénieuse et robuste disposition.

Ces ferrures placées devant les croisées des châteaux, des manoirs et aussi au dehors des sanctuaires, soit afin d'empêcher les escalades, soit pour prévenir les évasions, devaient naturellement offrir une résistance exceptionnelle. Pour assurer leur solidité, le serrurier n'avait garde, par conséquent, de ménager son travail et ses soins; aussi n'hésitait-il point à multiplier les soudures, arrivant à faire pour certains ouvrages, comme pour la grille de la maison de Jacques Cœur (fig. 54), des fermetures qui finissaient par ne plus être composées que d'un seul morceau. Cet excès de main-d'œuvre dura jusqu'au jour où l'on appliqua à la confection des clôtures dormantes le système des traverses évidées de distance en distance, livrant passage à des montants goupillés.

---

1. Ces fragments, réunis à d'autres parties moulées et exécutées en fonte malléable, constituent la grille d'appui qui protège les belles portes d'Anet, donnant accès à la chapelle des Petits-Augustins.
2. *Tableau de Paris*, t. XI, p. 19.

C'est vraisemblablement vers le milieu du xive siècle que ce mode d'assemblage, dont la serrurerie d'art devait par la suite tirer un si puissant parti, commença d'être pratiqué. Au siècle suivant, la grille du château de Tarascon[1] atteste la perfection à laquelle ce genre d'ouvrage était parvenu. A partir de cette époque, on rencontre, au surplus, dans la clôture des grandes baies toutes les dispositions et toutes les combinaisons qui sont, depuis lors, demeurées en usage, et dont nous parlons dans notre première partie. C'est ainsi que les montants, tantôt, disposés carrément, se montrent de face, et tantôt, scellés diagonalement, offrent un de leurs angles en façade. Mais sous quelque aspect qu'ils apparaissent au regard, toujours les nœuds des traverses accordent leurs ressauts avec la position des barreaux, et le travail présente ainsi cette logique de construction et cette propreté d'exécution, qui sont un des charmes de ces sortes d'ouvrages.

Ajoutons que le serrurier, grâce à son imagination constamment en éveil, s'efforce, dès ces temps lointains, de varier ses façons et de perfectionner ce système d'assemblage si pratique. Parfois il imprime à ses barreaux une torsion qui, ajoutant à leur force de résistance, donne à l'ouvrage une variété d'aspect qui n'est pas sans agrément. D'autres fois il les arme, à leur partie supérieure, de pointes ou de chardons qui, prenant l'aspect de végétations pittoresques, transforment en décoration un organe essentiellement défensif. Bien mieux, il soude au droit de ses principaux montants des piquants qui, tenant les indiscrets à distance, préviennent toute idée d'escalade. Enfin il imagine ces grilles entrelacées, chefs-d'œuvre d'ingéniosité et de patience, dont les *œils* alternés, faisant les traverses et

---

1. Cette grille, qui existe encore et dont M. Viollet-le-Duc donne un relevé en perspective dans son *Dictionnaire de l'Architecture* (t. VI, p. 74), fut mise en place en 1447 par « Maistre Anthoine, serrurier de Tharascon ». (Voir *Comptes et Memoriaux du Roi René*, p. 135, art. 358.)

les montants solidaires, rendent impossible l'enlèvement des barreaux [1].

Mais ce qui, à partir de cette époque, caractérise surtout le travail du serrurier, c'est la fidélité qu'il garde à cette disposition nouvelle, qui lui permet, en associant directement ses gros fers, de supprimer en partie les liens, les tenons, les rivets, et d'assurer ainsi à ses travaux une apparence de solidité et une force de résistance que n'offraient point les fermetures garnies de brindilles du XIIe et du XIIIe siècle. Désormais il n'abandonnera plus ce système de construction, très injustement critiqué par certains écrivains; et plus tard il trouvera dans son emploi régulier le moyen d'exécuter, avec une facilité relative et une indiscutable rapidité, ces gigantesques clôtures dont le Moyen Age et même la Renaissance n'eurent aucune idée.

Mais c'est moins dans ces grands ouvrages que les serruriers de ces temps lointains montrèrent l'habileté de leur main-d'œuvre et la variété de leur génie, que dans les ferrures de portes, de coffres et d'armoires, et c'est de celles-ci que nous allons nous occuper.

1. Les premières grilles entrelacées dont nous ayons retrouvé la trace paraissent avoir été posées en 1331 par Renaut le Fèvre au château des Andelys. Il est, en effet, question dans le règlement de compte de cet artisan (Voir *Actes normands de la Chambre des comptes*, p. 28) de « pesées de fer mises ès barreaux où les verges sont engrafiées ».

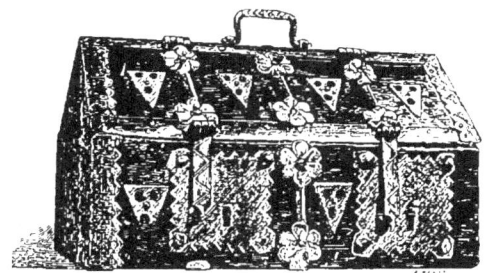

Fig. 102. — Coffret armé de ferrures. (XVe siècle.)

III

LE MOYEN AGE. — LES FERMETURES INTÉRIEURES.

Un détail bien typique, consigné par Guillebert de Metz dans sa *Description de Paris*, peut nous édifier sur l'état de complète insécurité dans lequel vivaient nos aïeux du Moyen Age. Décrivant l'hôtel de Jacques Duchié, riche bourgeois parisien, il nous apprend qu'on y voyait « une fenêtre faite de merveillable artifice par laquelle on mettoit dehors une teste (faite) de plates de fer creuse, parmy laquele on regardoit et parloit à ceulx du dehors, si besoing estoit, sans doubter le trait [1] ». L'hôtel de Jacques Duchié était situé rue des Prouvelles (aujourd'hui rue des Prouvaires), c'est-à-dire au cœur même de Paris. Guillebert de Metz écrivait aux environs de 1420, en un temps, par conséquent, où la police n'était pas inconnue. On peut, d'après cela, juger des inquiétudes permanentes auxquelles étaient assujettis les gens du XIIIe et du XIVe siècle qui habitaient en rase campagne ou dans des villes de peu d'importance. On avait donc grand soin de multiplier les serrures, les verrous, de renforcer les portes intérieures aussi bien qu'extérieures de barres, de pentures, de les garnir de guichets, d'obstruer les fenêtres de treillages et de barreaux, en un mot de combiner toutes les ressources de la serrurerie pour pouvoir se barricader chaque soir et pour soutenir, à l'occasion, un siège en règle. Aussi à cette époque citait-on parmi les curiosités de la capitale « l'hostel de Guillemin Sanguin en la rue des Bourdonnois », où l'on

---

[1]. C'est-à-dire pour se tenir à couvert des projectiles qu'on aurait pu lancer à la figure d'une personne se mettant à la fenêtre. Cette précaution paraîtra bien typique. (*Description de la ville de Paris au quinzième siècle*, p. 68.)

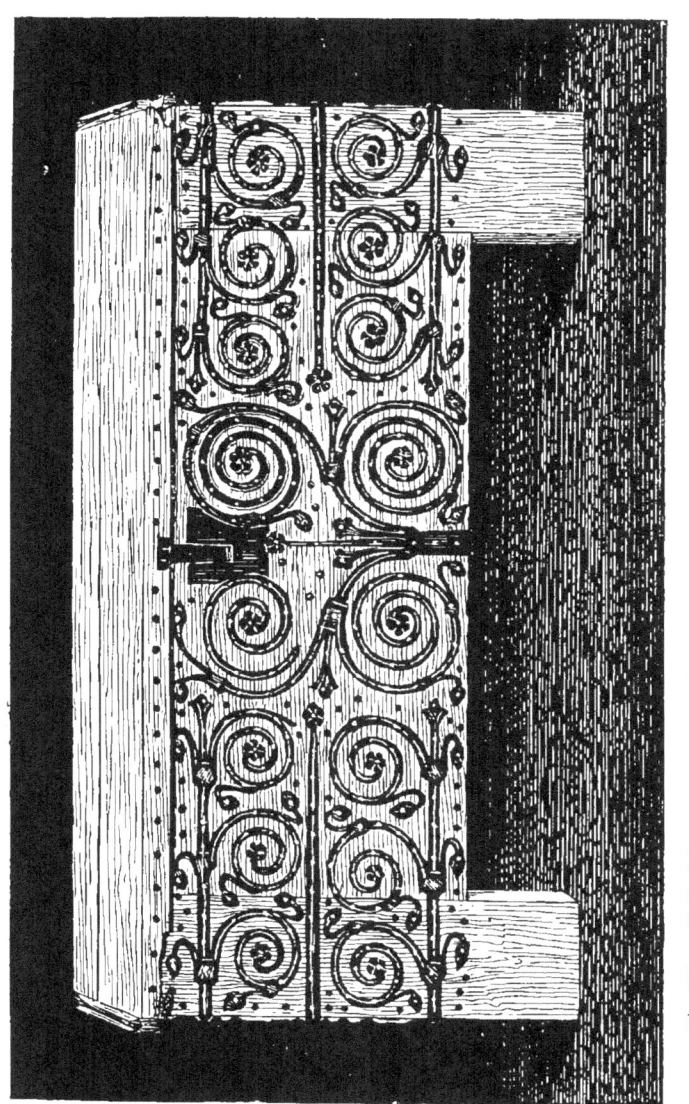

Fig. 103. — Coffre à fausses pentures en fer, appartenant à la ville de Paris (gravure empruntée à la *Menuiserie*).

trouvait « des sereures autant comme il (y) a de jours en l'an[1] ».

Si des habitations privées nous passons aux monuments publics, aux hôtels de ville, aux couvents, aux chapelles, aux églises, etc., nous constaterons que le développement des ferrures en ces endroits particulièrement exposés, était bien plus considérable encore. L'ingéniosité des serruriers, mise en jeu par le sentiment le plus aigu, le plus poignant que l'homme puisse ressentir, par la crainte, multipliait les combinaisons. Les portes extérieures étaient littéralement bardées de fer, et tout le monde alors était pénétré de cette conviction — dont Mathurin Jousse devait plus tard se faire l'interprète — que « cest art (de la serrurerie) est d'autant plus profitable à tout autre que il les surpasse en cecy, estans très certain qu'il n'y a maison, famille, chasteau, villes ou lieux de défense qui ne tienne toute son asseurance de la forge ou du fer[2] ».

Enfin, ce déploiement extraordinaire de métal était encore nécessité par une autre cause que nous avons expliquée autre part[3]. En ces temps lointains, la menuiserie traversait, comme procédés de fabrication, une phase toute rudimentaire. Elle ne savait point former des bâtis solidement assemblés à leurs angles, et capables de maintenir avec toute la résistance désirable les panneaux embrévés. Les portes les plus vastes se composaient uniquement de planches juxtaposées, assemblées simplement à languette et feuillure ; et pour empêcher ces planches de se disjoindre, il fallait nécessairement recourir à une puissante armature de traverses en bois[4] ou, quand le travail était plus soigné,

---

1. *Loco cit.*, p. 69. Guillemin Sanguin exerça de 1420 à 1432 les fonctions de prévôt des marchands.
2. Voir la *Fidelle ouverture*, p. 2.
3. Voir notre volume sur la *Menuiserie*, p. 109.
4. On peut voir encore dans certaines villes de l'Ouest, à Poitiers, à Angoulême notamment, quantité de portes et de contrevents exécutés par ce procédé singulièrement primitif.

à de robustes pentures, donnant à cette réunion la cohésion qui lui manquait. L'art du charpentier devenait ainsi tributaire de celui du serrurier. Où ce dernier toutefois montra surtout son incomparable supériorité, c'est quand il transforma, même dans les ouvrages de défense, les ferrures indispensables en ornements d'une délicatesse char-

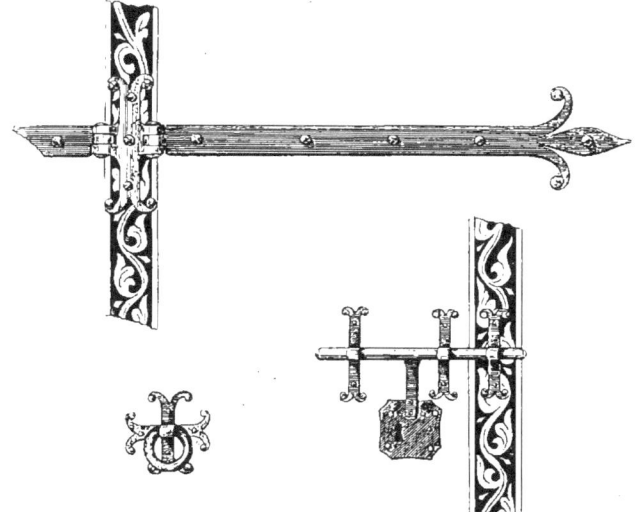

Fig. 104 à 106. — Ferrures de l'armoire de Bayeux.

mante, et fit découler d'une nécessité de construction tout un système décoratif.

Ces pentures, en effet, auraient pu demeurer très simples. Soit qu'on les façonnât à la vieille mode française, c'est-à-dire en une seule bande de fer plat, solidement fixée aux frises à l'aide de robustes boulons, soit, au contraire, qu'on les exécutât à la mode flamande, c'est-à-dire en les formant de deux branches soudées, embrassant les deux côtés du vantail, elles auraient pu ne consister qu'en des barres simples et unies, armées à leur base d'une boucle qui, s'accrochant sur le mamelon du gond, permet au vantail d'évoluer tout à l'aise. Mais les forgerons du XIIe et du XIIIe siècle avaient remarqué que ces bandes de fer, divisées en branches multiples, assurent à l'ouvrage une solidité plus grande, parce que le bois se trouve de la sorte uni au fer sur une plus vaste étendue. Ils avaient observé, en outre, que les pentures ainsi développées, étant plus difficiles à fausser, ont moins d'occasion de *donner du nez*, c'est-à-dire de fléchir sous le poids qu'elles ont pour mission de soutenir. Forts de cette double expérience, ils s'appliquèrent à assurer un développement plus considérable à ces armatures. D'abord, ils les façonnèrent en croissants, comme on peut le voir encore aux portes de la cathédrale du Puy (Loire) (voir fig. 107) et de l'église d'Ébreuil (Allier). Plus tard, soudant à la forge des barres que l'on contournait ensuite, ils formèrent de ces beaux enroulements à la fois riches et compliqués, comme en montrent les portes latérales de la façade occidentale de Notre-Dame de Paris (voir fig. 22) et celles de l'église de Vézelay. Les faisceaux de tiges qui constituent ces ferrures remarquables, soudés quelquefois dans toute leur longueur, d'autres fois seulement sur certains points, mais toujours étroitement unis par de riches embrasses, sont renforcés par des appendices qui ajoutent à la solidité de l'œuvre, en même temps qu'ils complètent son ornementation.

Ces belles pentures, toutefois, bien qu'elles soient demeurées un objet d'admiration pour les gens du métier[1], ne satisfirent pas longtemps les serruriers du Moyen Age. En vain, pour accentuer leur caractère décoratif, avait-on

---

1. Ces magnifiques travaux, en effet, n'ont jamais cessé d'être extrêmement estimés, et au siècle dernier, c'est-à-dire en un temps où l'on n'était point tendre pour les œuvres prétendues *gothiques*, un juge bien sévère, Réaumur, disait, en parlant des pentures de Notre-Dame : « C'est là un ouvrage qui a dû demander un temps très considérable et qui a dû être bien difficile à exécuter. »

pris soin de les étamper richement, de les compliquer de fleurons, de bouquets, de boutons, de folioles. Les très nombreuses soudures que réclamait la réunion de ces tiges et de leurs ornements, le péril constant auquel ces soudures répétées exposaient des pièces prêtes d'être achevées; la nécessité, pour faciliter l'évolution du vantail, de réduire les pentures au nombre de deux ou de trois; le large espace qui demeurait parfois entre elles, et obligeait de recourir à l'intervention de fausses pentures, pour assurer dans les intervalles la solidité de l'ouvrage; toutes ces raisons amenèrent le serrurier à modifier à la fois ses procédés et ses modèles.

L'usage qui s'était répandu au XIVe siècle de fabriquer des *plates,* c'est-à-dire des pièces d'armures en fer de peu d'épaisseur, fortement corroyé, avait mis ce genre de travail en vogue. On l'avait employé d'abord pour

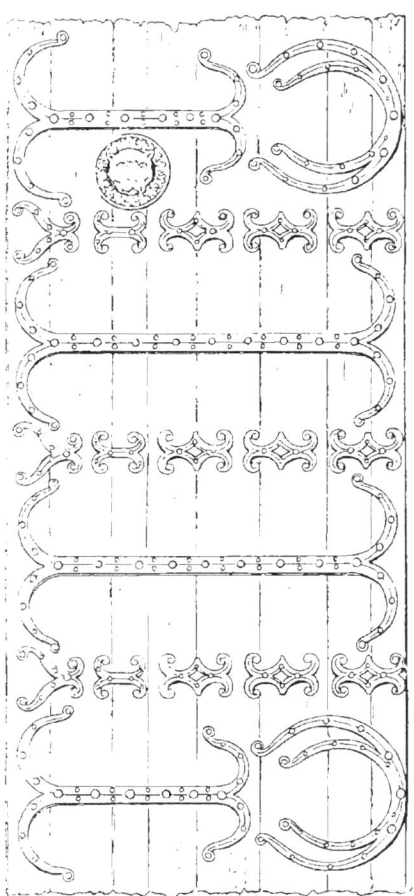

Fig. 107. — Pentures de la porte de la cathédrale du Puy.

la serrurerie fine, pour les larges plaques de serrures, ornement des portes intérieures, pour les coffrets en fer ajouré, pour les platines de verrous si décoratives. Bientôt on lui trouva place dans le bâtiment. Nous l'avons vu, au chapitre précédent, jouer un rôle très particulier dans la décoration des grilles; celui qu'il joua dans la confection des pentures fut encore plus important. Au lieu d'être obtenues, comme par le passé, au moyen de multiples soudures, celles-ci furent désormais prises dans une pièce de fer corroyée avec soin, puis découpée à la *tranche,* martelée et tordue à chaud, de manière à forcer les parties recoupées à s'écarter en forme de branchages. Chacune des branches, recoupée à son tour, donna naissance à de nouveaux rameaux, et les frises du vantail se trouvèrent ainsi progressivement recouvertes d'une sorte de végétation luxuriante, s'harmonisant avec la flamboyante décoration de l'architecture ogivale arrivée à son point culminant d'ornementation.

Ce flamboiement du fer — preuve admirable de l'étonnante fécondité et de la souplesse de génie de nos vieux serruriers — dura jusqu'au jour où ce qui était une consolidation précieuse ne fut plus considéré que comme un embellissement, c'est-à-dire jusqu'au moment où, par une économie mal entendue, on substitua aux plaques de fer soigneusement corroyées, les découpures en fer battu importé d'Allemagne. Puis les menuisiers ayant appliqué à la construction des portes les procédés d'assemblage usités depuis un siècle dans la confection des meubles, et les armatures en fer étant ainsi devenues inutiles, les pentures ouvragées cessèrent d'être employées.

Les ferrures que nous venons de passer en revue, quelque fortes, quelque résistantes qu'elles puissent être, n'auraient été que d'une efficacité incomplète, sans un arsenal de fléaux, de crémaillères, de crochets destinés à maintenir les vantaux, leur permettant de résister aux poussées du dehors, et sans une profusion de serrures, de verrous, de chaînes et de cadenas chargés d'assurer la clôture des portes. Comme grandeur, comme nombre et comme force, ces divers compléments se proportionnaient à la fois à la dimension des battants sur lesquels ils étaient fixés, et à la puissance de l'effort auquel ils étaient exposés. C'est assez dire qu'au Moyen Age la plupart des verrous et des serrures de portes extérieures furent de taille éminemment respectable. Par contre, les uns et les autres restèrent, comme mécanisme et comme structure, d'une relative simplicité.

Les verrous très nombreux qui nous ont été conservés de cette lointaine époque, et qui ornent encore les vieilles portes de nos églises et celles de certains châteaux, consistent généralement en une grosse verge de fer, longue de $0^m,30$ à $0^m,60$, coulant entre de solides picolets qu'on nommait alors *vertevelles* ou *lunettes,* et dont la poignée, armée d'une boucle et formant moraillon, vient souvent s'arrêter dans une boîte de serrure.

Les serrures, malgré leur apparence formidable, ne comportent ordinairement qu'un pêne dormant, quelquefois deux, toujours fort épais et qui, évoluant sous la pression d'une clef monumentale, se fixent dans une robuste gâche. Les ressorts qui permettent à ces appareils primitifs de fonctionner, sont parfois logés dans l'épaisseur de la porte. Plus souvent, la serrure est à *bosse,* c'est-à-dire contenue dans une boîte faite d'un seul morceau de fer étiré, aplati et relevé au marteau, avec les faces latérales en biseau. La seule garantie qu'offraient ces fermetures rudimentaires, résidait dans leur massive solidité et dans la complication de leurs garnitures. C'est pourquoi, dès les temps les plus reculés, — nous l'avons vu plus haut, — les *Statuts* des serruriers exigeaient, sous des peines sévères, que toutes les serrures, au moment de la livraison, fussent scrupuleusement garnies de toutes leurs gardes. Hâtons-nous d'ajouter que, sous ce rapport, la serrurerie du Moyen Age n'avait rien à envier à celle de temps plus modernes. Dès le XIVe siècle, les pannetons des clefs attestent, par la surprenante complication de leur dessin, par l'étonnante variété de leurs découpures, la prodigieuse diversité et la complexité des combinaisons auxquelles les maîtres serruriers avaient recours.

Si des serrures monumentales, assurant la fermeture des portes extérieures, nous passons à celles des appartements, des chambres, des salles, nous noterons encore un redoublement de précautions. Dès les premières années du XVe siècle, on rencontre un certain nombre de clefs destinées à des serrures intérieures dont le museau est taillé en *peigne,* et, comme si cela n'était pas suffisant, pour multiplier les garanties, la même boîte est munie de plusieurs mécanismes indépendants, obéissant chacun à une clef spéciale qui met en mouvement un pêne particulier (voir fig. 112). Les *Comptes des Menus plaisirs* de la reine Isabeau de Bavière nous apprennent que le 14 novembre 1496, cette princesse se fit livrer par son serrurier ordinaire Berthelot de Louvain « deux sarrures... garnies de cinq clés » chacune, destinées à clore la chambre des demoiselles d'honneur en l'hôtel Saint-Pol. Cette précaution, dont l'opportunité semble justifiée par les mauvais bruits répandus sur la conduite un peu légère de ces « honnestes damoiselles », n'était point un fait unique. Dans la plupart des anciennes maisons de ville, le *trésor,* c'est-à-dire l'endroit où se trouvaient serrés les sceaux, les titres, les privilèges de la cité, était fermé à l'aide de serrures à clefs multiples qui, confiées à différents fonctionnaires, rendaient l'ouverture impossible sans leur participation. Les *Mémoires d'Olivier de la Marche* rapportent qu'en 1452 le duc de Bourgogne se saisit des bannières des Gantois vaincus et les fit enfermer sous une quintuple serrure « fermée de cinq clefs dont l'une garderoit le bailly, l'autre le premier eschevin, et le grand doyen auroit la garde de la tierce clef, et les autres deux seroyent mises ès mains de deux preud'hommes eslus par le Commun de la ville de Gand ». Le Beffroi de Bruges possède encore, pratiquée dans ses énormes murailles, une armoire où ce système de fermeture à clefs multiples était employé.

Obligés ainsi de pourvoir à des besoins aussi nombreux que variés, les serruriers, à cette école difficile, ne tardèrent pas à devenir de véritables mécaniciens, et même assez habiles et assez distingués pour qu'on leur confiât le soin de confectionner et de gouverner les horloges, alors dans toute leur nouveauté. C'est un serrurier, Jean d'Allemagne, qui fut chargé, en 1401, d'exécuter l'horloge destinée à la chambre de la duchesse d'Orléans. En 1409, le serrurier Jean Loisel était nommé « maistre de l'orloge du beffroy d'Amiens ». En 1447, le serrurier Anthoine *appareillait* « l'orloge » du château de Tarascon, alors résidence du roi René. En 1481, le rhabillage de l'horloge de Plessis-lès-Tours fut confié à Pierre Cormier, serrurier de Louis XI. Même au XVIe siècle, on continua de s'adresser à ces artisans pour ces sortes de travaux. Le serrurier Pierre Parent fut choisi en 1508 par la municipalité d'Amiens pour être « conducteur de l'orloge du beffroy », et son fils Jean Parent lui succéda dans ce poste

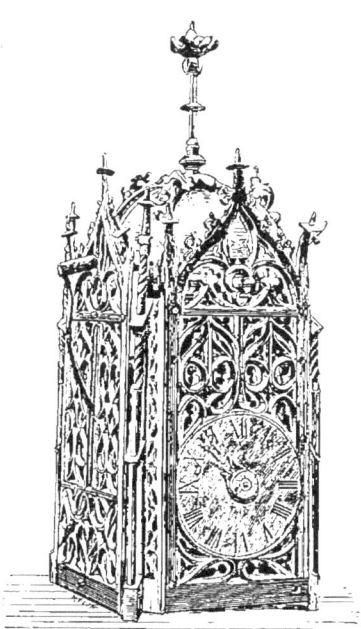

Fig. 108. — Petite horloge en fer forgé. (XVe siècle.)

en 1535[1]. Mais ces habiles gens n'étaient pas seulement des mécaniciens ingénieux ; les jolies horloges qui datent de ce temps nous prouvent qu'ils avaient un sentiment très juste de la décoration, et ce sentiment se retrouve dans la plupart de leurs autres œuvres.

Nombre de landiers, de chenets, de chandeliers, de crémaillères, de grils, sortis de leurs mains, au besoin en feraient foi. Tous ces ustensiles d'usage journalier, que l'esprit utilitaire de notre temps a, depuis lors, réduits à des formes rudimentaires, avaient, en ces époques lointaines, un cachet d'originalité, de recherche, d'élégance qui leur fait aujourd'hui défaut. Les coffrets dont nous parlions à l'instant sont parfois d'une prodigieuse richesse d'exécution, souvent d'une rare distinction d'ornementation et de forme. Même lorsque le serrurier se borne, dans ces ouvrages mobiliers, à des travaux de fermeture et de consolidation, il sait être ingénieux, varié ; il n'est jamais banal. Ses ferrures offrent toujours un caractère de recherche qui demeure original et charmant. Ce caractère se retrouve, au surplus, dans la presque totalité de ses œuvres, même dans les targettes et les serrures d'appartement. Ces dernières, en effet, ne se bornaient pas à être très compliquées comme mécanisme ; elles étaient aussi, comme exécution, infiniment plus soignées que celles des portes extérieures. Les *bosses* qui les recouvraient, martelées avec soin, étaient rattachées au vantail par des découpures souvent très pittoresques. Parfois la boîte elle-même était délicatement ajourée ou portait quelque motif habilement repoussé. Enfin, nombre d'entre elles étaient enrichies de fleurons, de

---

1. Pierre Dubois, dans son *Histoire de l'horlogerie* (Paris, 1849, p. 72), cite une pièce de vers en patois bourguignon attribuée à André Piron, grand-père de l'auteur de la *Métromanie*, où nous voyons qu'un serrurier de Dijon nommé Saunois fut chargé, au commencement du xviiie siècle, de réparer l'horloge de cette ville et d'y ajouter un jaquemart sonnant les quarts.

branchages forgés à part, rapportés à froid et rivés sur le palâtre. Mais quelque élégantes, quelque finement travaillées que fussent ces serrures de portes, elles n'approchaient point de celles des armoires, des coffres et huches. Il semble que, pour ces dernières, les ouvriers du fer aient épuisé ce qu'ils avaient non seulement d'habileté et de science, mais encore de patience et d'imagination.

Ornées pour la plupart de curieuses architectures, enrichies de rosaces, de colonnettes, d'arcades, de niches, de dais, de consoles et de pinacles, abritant une foule de petits personnages, de saints, de guerriers, montrant parfois dans un espace de quelques pouces carrés des scènes religieuses et de véritables tableaux d'histoire [1], leurs étonnantes sculptures, prises dans la masse, taillées au ciseau et au burin, reprises au ciselet et à la lime, égalent en précieux et en fini les pièces d'orfèvrerie les plus achevées.

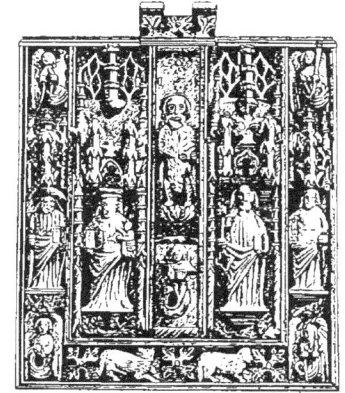

Fig. 109. — Serrure de coffre, à personnages et ornements pris dans la masse et ciselés. (XVe siècle.)

Ce sont des œuvres d'art au sens le plus absolu du mot, et la place d'honneur qu'on leur accorde dans nos grandes collections publiques et privées, dit assez en quelle estime les gens les plus compétents tiennent ces délicieux petits ouvrages.

De ces admirables serrures il convient de rapprocher les heurtoirs représentant également des saints personnages, des dragons, des salamandres, des basilics et toute une ménagerie d'animaux héraldiques; les anneaux de

1. Une serrure de ce genre appartenant à la collection Spitzer représente le *Jugement dernier*.

porte, formés de serpents ailés ; les manches de couteaux, de cuillers, les boucles et surtout les anneaux de clefs, exécutés aux dépens du fer, avec une liberté, une aisance, qui ne laissent soupçonner ni la rudesse du métal mis en œuvre, ni la difficulté qu'on éprouve à le travailler. Enfin, il ne faut point oublier tout ce mobilier en fer, sièges divers, gracieux pliants, comme celui de la cathédrale de Bayeux ; lectrins comme celui de la cathédrale de Rouen ; lits à colonnes comme celui de la collection Lesecq des Tourelles ; « faldesteuils », trétcaux et rouets, comme ceux que nous montrent les anciennes miniatures. L'art du serrurier, en ces temps lointains, pourvoyait à tout.

Les coffres, comme ces portes dont nous parlions à l'instant, formés de planches assemblées d'une façon très primitive, empruntaient alors aux armatures de fer la résistance qui leur faisait défaut. De là ces enroulements qui donnent une physionomie si particulière aux huches du XIIe et du XIIIe siècle, aux coffres de la cathédrale de Noyon, de la ville de Paris[1] et de la collection Peyre. De là cette profusion de bandes, de rosaces, de vraies et fausses pentures consolidant les caisses et les couvercles de ces coffres, coffrets, écrins, auxquels une solidité à toute épreuve était d'autant plus nécessaire qu'ils devaient accompagner dans leurs courses perpétuelles leurs vagabonds possesseurs. Même dans les vastes armoires, fixées à demeure dans les couvents et les abbayes, les ferrures jouaient un rôle consolidateur de premier ordre, et celles des églises de Noyon, de Bayeux (voir fig. 104 à 106), de Saint-Germain-l'Auxerrois, attestent la part considérable qui revenait alors au serrurier dans la confection des meubles.

Les noms de quelques-uns de ces artisans d'élite, nous pourrions dire de ces artistes, nous ont été conservés. Nous en avons déjà cité un certain nombre au cours de ces

---

1. Voir *Menuiserie*, fig. 77 ; et, plus haut, fig. 104.

pages rapides. Nous mentionnerons encore Henri de Saint-Marcel et Thomas de Clairevaux, qui furent syndics de la

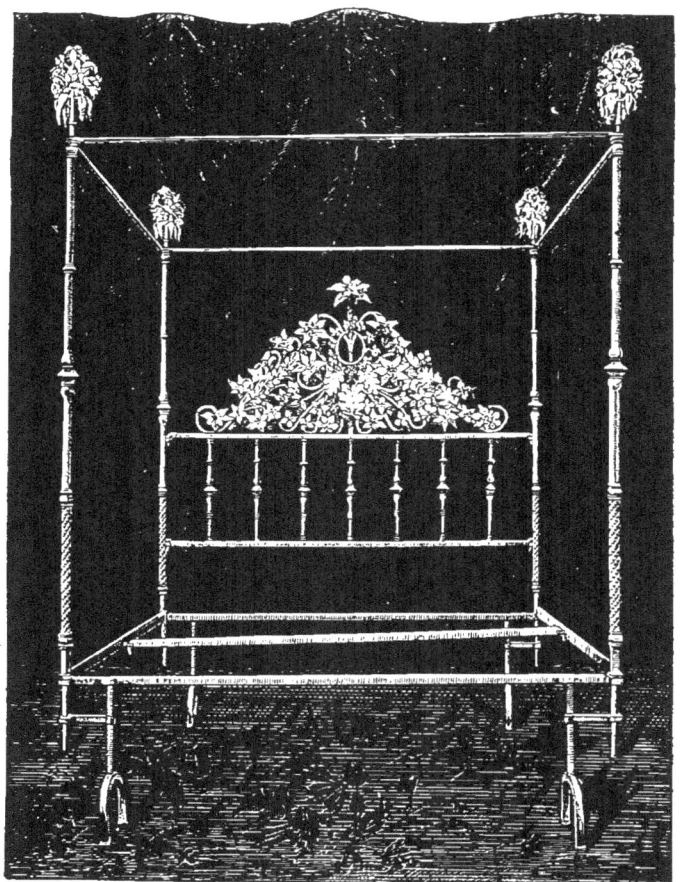

Fig. 110. — Lit en fer ouvragé. (Fin du xvᵉ siècle.)

corporation des serruriers parisiens en 1260 ; Renaut le Fèvre, qui exécuta les ferrures du château des Andelys (1331) ; Richard de Limoges et Colin le Gay, qui travaillèrent pour celui de Cherbourg (1348); Vincent Alexandre, Gillet, Hennequin, Lilleez, Colin Remon, Jehan de Voutiz, Thomas, Thibaut et Jehannin, serruriers de Charles V et de son père le roi Jean II; Jehan le sarrurier, attaché au service du duc Jean de Berry; Jehan de la Dictée, Berthelot de Louvain, Jehan de Châlons, qu'employa Isabeau de Bavière; les frères Laurent et Jehan le Chien, qui, avec Germain Rideau, furent les serruriers préférés de Charles VI; Jehan et Michaut Chollet, Jehan Belin et Anthoine, fournisseurs attitrés du roi René, et enfin André du Vergier, Jehan Forgier, Pierre Cormier et Pierre Siméon, dont le soupçonneux Louis XI utilisa les services. Leurs ouvrages disent assez en quelle estime il nous faut tenir tous ces travailleurs d'élite.

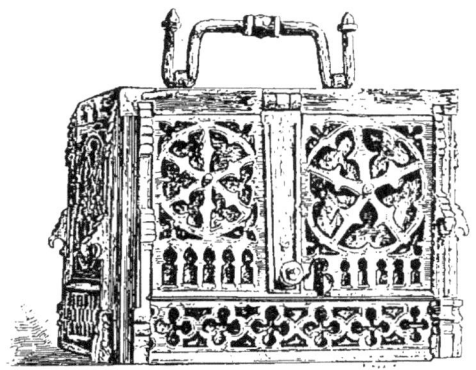

Fig. 111. — Coffret en fer ajouré. (XVe siècle.)

IV

LA RENAISSANCE ET LE DIX-SEPTIÈME SIÈCLE

La robuste habileté, l'esprit inventif, la féconde ingéniosité des serruriers du Moyen Age avaient été surexcités, nous l'avons dit, par les inquiétudes sans cesse renaissantes, par les transes perpétuelles dans lesquelles on vivait alors. Avec la Renaissance les temps se firent meilleurs ; la société acheva de se fixer ; la sécurité publique et privée devint plus grande. Comme conséquence, l'art et les mœurs se transformèrent. Cette transformation, ajoutée aux progrès matériels réalisés par d'autres industries, rendit plus rares les occasions que les ouvriers du fer avaient de déployer leurs talents. Cependant il n'en faudrait pas conclure, comme l'ont fait certains archéologues, qu'à partir du règne de Louis XII, il se produisit dans l'art qui nous occupe une regrettable décadence. L'activité de ceux qui l'exerçaient se ralentit peut-être, mais l'exécution ne perdit rien de ses qualités magistrales. La production, en s'engageant dans d'autres voies, changea simplement de caractère.

Depuis cinquante ans déjà, nous l'avons expliqué dans ce livre et ailleurs[1], les menuisiers, devenus plus habiles, étaient parvenus à se passer des services du serrurier. Désormais, n'employant plus que de *menus* bois, ils exécutaient leurs portes, leurs coffres, leurs armoires, à l'aide de cadres remplis par des panneaux embrévés, et leurs assemblages présentaient une solidité suffisante pour que l'adjonction de pentures compliquées fût jugée superflue. En fait de menus ouvrages, les serruriers eurent donc infiniment moins à faire. Pour ce qui est des grandes clôtures, l'intervention de l'artillerie, en transformant la tacti-

---

1. Voir la *Menuiserie*, p. 119.

que des attaques à main armée, devait également transformer leur nature et leur disposition. Mais si le mode des fermetures extérieures se trouva changé brusquement, celles de l'intérieur, par contre, ne furent pas, à beaucoup près, modifiées d'une façon aussi sensible. Elles abdiquèrent sans doute de leur massivité, mais ne perdirent rien de leur élégance. Les nombreux travaux que le cardinal d'Amboise fit exécuter à Gaillon par Jehan Piesseval, Pierre Lejeune, Gilles du Mesnil et Michel Le Cerf; les sommes considérables payées par François 1er à Anthoine Morisseau pour la serrurerie des châteaux de Fontainebleau, de Madrid et de Villers-Cotterets, ne laissent aucun doute sur la valeur des ouvrages demandés à ces artisans d'élite.

La méfiance, en effet, n'avait point renoncé à ses droits, et les grilles, les serrures, les verrous, n'avaient rien perdu de leur prestige. Henri II, amoureux et jaloux, avait à peine succédé à son père qu'il faisait fermer de portes de fer la cheminée de Diane de Poitiers et placer trois « grosses sarrures à paesles dormant (fermant) à deux tours » à la porte de sa chambre. Sur son ordre, les fournisseurs de la Couronne renforçaient de verrous et de *tirouers* les portes de l'appartement de la Reine, celles de la chambre de Mme Marguerite de France, et des escaliers secrets par lesquels le roi pouvait se rendre dans les diverses parties du palais. Partout les corps des cheminées furent coupés de grilles, et pour les serrures qui furent conservées, on en changea soigneusement les gardes, de façon, cependant, qu'elles pussent s'ouvrir « avec la clef que le roi porte » et « qui passe par toutes[1] ». On en peut donc conclure que s'ils n'eurent point à construire de ces herses rébarbatives, de ces grillages inextricables, défiant les tentatives d'escalade, comme ils en avaient tant faits aux siècles précédents; s'ils n'eurent point, non plus, à exécuter de ces

---

1. *Comptes des Bastimens.*

grilles monumentales qui allaient, cent ans plus tard, ouvrir à leur profession des horizons si vastes; s'ils durent, en un mot, en fait de grands travaux, se borner à confectionner des rampes d'appui comme celles qu'on voit encore à Amboise, ou comme celles dont sont entourés à Brou les tombeaux de Philibert le Beau et de Marguerite d'Autriche, les serruriers du xvie siècle trouvèrent par contre dans les fermetures intérieures de nombreuses et brillantes occasions de montrer leur expérience, leur habileté et la délicatesse de leur goût.

Ce qu'étaient ces derniers ouvrages, — de nombreux spécimens prouvent assez qu'à cette époque l'art n'abdiquait jamais ses droits. Les productions de la Renaissance, si elles ne présentent pas la mâle

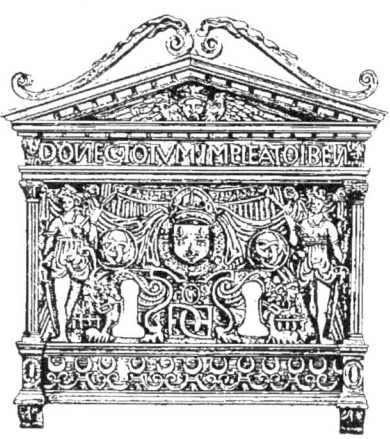

Fig. 112. — Serrure à double clef, au chiffre de Henri II, provenant du château de Saint-Germain.

ampleur de celles qui les ont précédées, offrent un fini, un précieux, que ces dernières sont loin d'avoir. Aux pièces énergiquement façonnées, martelées avec une vaillance et une précision superbes, vingt fois soumises au feu de la forge, qui avaient été l'honneur de la période précédente, le xvie siècle substitua les travaux de repoussé qui lui permirent d'exécuter ces plaques de serrures, de targettes, de verrous, d'un style noble et d'une rare élégance. Quant aux petites pièces obtenues aux dépens du fer, elles perdirent leur caractère âpre, un peu brutal, pour revêtir l'apparente délicatesse et la finesse assouplie de véritables bijoux.

Anet, Fontainebleau, Écouen, nous ont livré tant de témoignages charmants de cette serrurerie délicieuse à laquelle Antoine Morisseau, Guillaume Hérard, Mathurin Bon, Gilbert Drouys, Adam Bontemps, Michel Suron, Jean Duchesne et Jacques Martin de Lyon ont attaché leurs noms, qu'il semble superflu d'insister sur les qualités très personnelles et sur les nombreux mérites de l'art du fer à cette époque.

Mais la transformation qui s'opéra dans la technique de ces sortes d'ouvrages est moins frappante assurément que celle qui s'effectua dans leur ornementation. L'Art du serrurier, comme, du reste, tous les autres arts de l'ameublement, subit alors une révolution véritable dans le choix et la disposition des ornements. Les exemples de l'Antiquité, sinon ressuscitée, du moins très rajeunie, fournirent des motifs nouveaux d'une grâce, d'une beauté à la fois mâle et charmante; et l'impression produite par cette restitution fut si profonde, l'empreinte qu'elle laissa si durable, que pendant un demi-siècle les successeurs de ces grands artistes du fer marchèrent pieusement sur les traces de leurs glorieux devanciers. A parcourir les feuilles de modèles que P. Clary (1614), Lyonnois (1620), Pasquier de Focamberge (1625), Mathurin Jousse (1627) et Honorat Tacussée (1630) ont tracées pour l'enseignement de leurs confrères, on se croirait reporté sinon en plein XVIe siècle, du moins aux environs de 1595 ou de 1600[1]. Dans ces très nombreuses gravures, au surplus, il n'est

---

1. L'abbé de Marolles, dans son livre *des Peintres et Graveurs*, nous a transmis les noms des serruriers du XVIIe siècle dont l'œuvre gravé était alors recherché des amateurs :

> Dans l'Art du serrurier, avec Mathurin Jousse
> Didier Torner ou Ioue, et Guillaume Lorrain,
> Nicolas de Jardins, Louche avec son parrain
> Pasquier de Focamberge, et Berton, et La Brousse.

Nous avons cité l'œuvre de Focamberge et celui de Mathurin Jousse. Didier Torner grava plusieurs dessins de serrurerie avec Guil-

question que de clefs, de frises, d'anneaux et d'entrées de serrures. Hugues Briseville, qui fit graver, en 1663, par Jean Bérain une série de modèles inventés par lui, ne s'occupe point encore de grands ouvrages[1]. Il faut arriver à F. Tijou (1670) pour rencontrer, parmi ces documents si précieux au point de vue de l'histoire, des projets de portes, de couronnements et de grilles, et à Robert Davesne (1687) pour posséder un recueil de rampes d'escalier et de balcons[2].

Toutefois, on peut considérer que, dès 1640, on avait commencé à enclore de grands espaces découverts à l'aide de grilles monumentales. C'est, du moins, vers cette époque que fut posée, par ordre de Richelieu, celle qui protégea longtemps, sur le Pont-Neuf, la fameuse statue de Henri IV, dont les alentours étaient devenus un épouvantable cloaque[3]. Le soin pris par le ministre de Louis XIII de faire enclore le monument élevé à la gloire du feu roi, semble d'au-

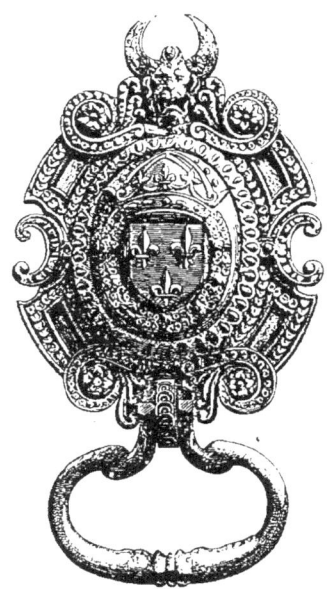

Fig. 113. — Marteau de porte provenant du château d'Anet.

laume Le Lorrain. Quelques pièces signées de Nicolas de Jardins portent les dates de 1646 et 1649. Nous ne connaissons aucune planche de Louche, de Berton ni de La Brousse.

1. Voir *Diverses pièces de serruriers inventées par Hugues Briseville, M⁰ serrurier à Paris, et gravés par Jean Berain*, à Paris, chez N. Langlois.
2. *Rampes d'escaillier et balcons*, par Robert Dauesne, M⁰ serrurier à Paris. Se vend chez l'auteur, rue Montmartre, proche la porte.
3. Une inscription commémorative enlevée sous la Révolution consacra le souvenir de cet acte mémorable. En 1662 cette grille fut complétée par l'Aide des Cérémonies Dupin et à ses frais.

tant plus naturel, que Louis XIII portait le plus vif intérêt aux produits de la serrurerie. Jean Héroard, son fidèle médecin et l'historiographe de sa jeunesse[1], nous le montre, en effet, à l'âge de dix-sept ans, mettant la main à l'outil et se plaisant aux travaux de la forge. Le sieur de Bellemaure, qui, en 1618, s'amusait à tracer son portrait[2], écrit que le jeune roi « n'avoit point de plus familier divertissement ès heures perdues qu'à fondre et forger ». Huit ans plus tard, Louis XIII accordait un logement au château de Saint-Germain et 300 livres de pension à François Toisonnier, « excellent serrurier », pour qu'il pût à son aise travailler « en serrures et pièces curieuses de son mestier », et en l'année 1639 il installait à Fontainebleau, dans le palais même, le serrurier Rossignol, chef d'une dynastie qui devait, pendant un siècle et demi, occuper ce poste de confiance. L'exemple du prince dut être suivi ; cependant c'est seulement sous le règne de Louis XIV que l'on commença d'exécuter d'une façon courante ces grands et majestueux ouvrages de serrurerie qui sont l'honneur du XVIIe siècle.

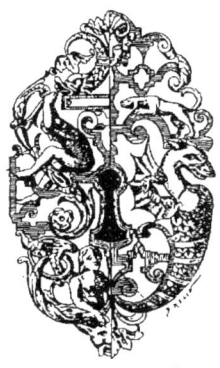

Fig. 114. — Entrée de serrure composée par Mathurin Jousse.

Nous savons, en effet, par Perrelle que la belle porte du château de Chaville, appartenant au chancelier Le Tellier, fut mise en place en 1660. Les *Comptes des Bastimens du Roy* nous apprennent, en outre, que la grille du Val-de-Grâce, exécutée par les serruriers Mouchy et Mathérion, date de 1666. Quant à celle du château de Clagny, dessinée par Mansart, elle fut achevée en 1678, et celle du château de

---

1. *Journal de Jean Héroard*, t. II, p. 207.
2. *Le Pourtraict du roy envoyé par le sieur de Bellemaure au Sr de Mirecourt à Venise*; Paris, chez Pierre Chevalier, 1618.

Saint-Cloud, composée par l'architecte Girard en 1680. L'année précédente (1679), les serruriers Godignon et Dezeutres dit Picard avaient posé la grande grille de la Cour d'honneur de Versailles, et Luchet livrait la porte qui complète ce bel ensemble[1]. Les majestueux travaux de serrurerie que Louis XIV fit exécuter dans sa résidence favorite, de l'année 1664 à l'année 1680, c'est-à-dire dans un espace de seize ans, s'élevèrent à la somme considérable de 1,099,280 livres 4 sous 4 deniers. En outre l'en-

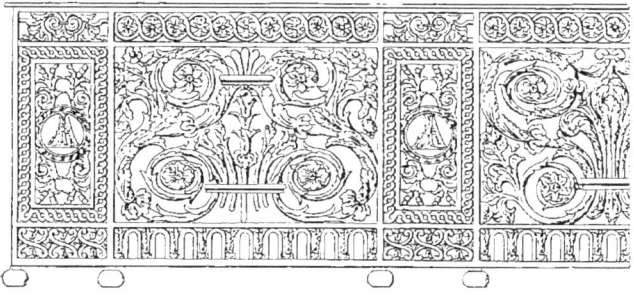

Fig. 115. — Grille de balcon au chiffre de Louis XIII et d'Anne d'Autriche, restaurée par M. Boulanger. (Palais du Louvre.)

tourage direct du roi était trop respectueux admirateur de toutes ses œuvres, pour ne pas imiter scrupuleusement ses fastueuses prodigalités. Le prince de Condé à Saint-Maur et à Chantilly, la grande Mademoiselle à Choisy, Colbert à Sceaux, Louvois à Meudon, s'inspirèrent de l'exemple du maître.

Hâtons-nous de constater que le besoin de copier un aussi brillant modèle n'est point la seule explication qu'on doive donner à cette concordance de commandes, qui valurent à nos ateliers de serrurerie une activité précédemment inconnue. Avec la seconde moitié du XVIIe siècle,

1. Luchet toucha pour ce travail 32,500 liv. (*Comptes des Bastimens*, col. 1153).

une transformation radicale s'était opérée dans l'ordonnance et la disposition des habitations seigneuriales. Celles-ci, bien qu'elles eussent été, à partir de la Renaissance, reconstruites d'après des données relativement modernes, avec de larges baies laissant entrer partout l'air et le jour, avaient conservé des châteaux du Moyen Age une particularité très typique. Elles continuaient d'être isolées de toutes parts, de façon à éviter les surprises, et à pouvoir surveiller de loin toute approche suspecte. Elles étaient, de plus, entourées de fossés et de douves profondes qui en interdisaient l'accès. Au XVIᵉ siècle, Fontainebleau, Chambord, Saint-Germain, Villers-Cotterets, avaient été édifiés d'après ce principe. Au siècle suivant, les architectes des châteaux de Richelieu, de Vaux-le-Vicomte, de Chaulnes, d'Ancy-le-Franc, de Louvois (près Rennes), avaient cru devoir suivre les mêmes errements. On comprend aisément que cette disposition rendait inutiles les grandes clôtures en serrurerie. Il fallut que ces habitudes héréditaires de crainte et de suspicion disparussent non seulement des mœurs, mais encore des traditions architecturales, pour que les longues travées de grilles pussent être couramment utilisées. Or cette importante révolution acheva précisément de s'accomplir aux environs de 1660.

Il semble qu'on eut alors un ardent désir de rattraper le temps perdu. Partout les grilles énormes se dressèrent, encadrées de pilastres robustes, accompagnées de portes superbes, et les architectes les plus éminents, les ornemanistes les plus célèbres ne dédaignèrent pas d'approvisionner nos vaillants serruriers d'admirables modèles. Ce fut Jules Hardouin Mansart qui dessina, pour le marquis de Louvois, la grille de Meudon. Celle du château de Saint-Maur fut demandée par le prince de Condé à l'architecte Gittard; Jean Marot composa celles du château de Maisons, et la grille du palais de Saint-Cloud fut exécutée sur les épures de Girard, architecte du duc d'Orléans. Ce déploiement considérable de serrurerie extérieure eut pour corollaire une recrudescence dans les travaux intérieurs, aussi grandioses d'aspect et plus soignés encore comme main-d'œu-

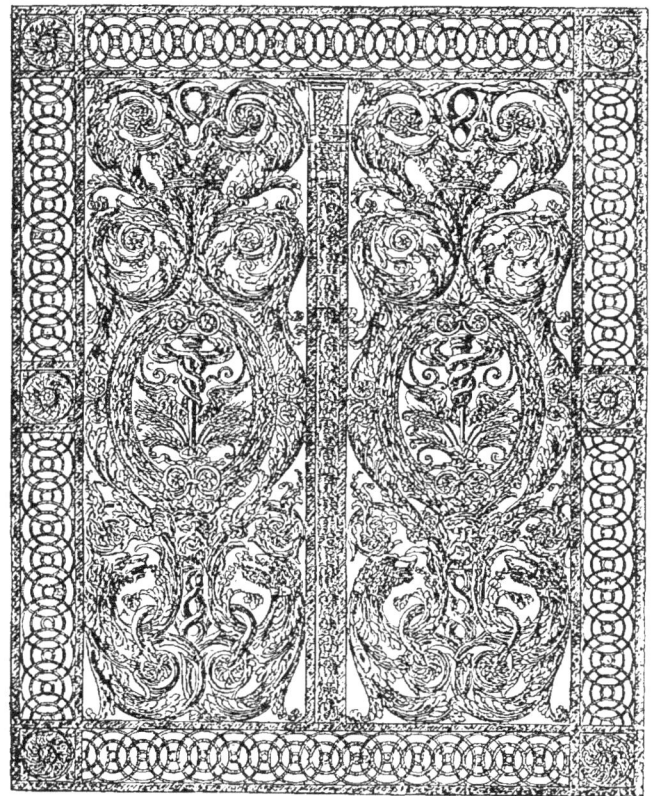

Fig. 116. — Grille du château de Maisons, dessinée par D. Marot (motif central).

vre. Parmi les serruriers illustres de ce temps dont les ouvrages nous sont connus, il convient de citer Simon Delobel, qui confectionna les portes de fer de l'Escalier du Roi, et auquel on doit les balcons et appuis si remarquables qui garnissent les fenêtres de Versailles; Baron, qui exécuta la serrurerie de la bibliothèque de Louis XIV; Étienne Boudet, auteur des rampes de Trianon; Fordrin le père, Alexandre Legrand, Jean Potelet et Godignon, qui travaillaient aux appartements de Trianon et de Versailles; Poyart et Rossignol, tous deux occupés à Fontainebleau; Antoine Le Maître, au Palais-Royal et à la Bibliothèque; Gasté et Gabriel Luchet, au château de Clagny; Gilles de Bellin, qui, pour le compte de Michel Colbert, dessina et forgea en 1686 la grille du chœur de l'église Sainte-Anne au collège de Prémontré; P. Denis, qui exécuta la grille de clôture de l'abbaye de Saint-Denis[1], et enfin Domenico Cucci, qui enrichit le Louvre, les Tuileries, Versailles et Fontainebleau de fermetures incomparables. A côté de ces maîtres illustres et des beaux ouvrages dont on leur est redevable, il nous faudrait, pour être juste, mentionner les chefs-d'œuvre anonymes. Mais la liste en serait trop longue; aussi nous bornerons-nous à citer la grille du chœur de Notre-Dame de Paris, dessinée par Robert de Cotte, dont Bonnard nous a transmis l'image, et qui, associée aux admirables stalles sculptées par Du Goulon, concourait à former un merveilleux ensemble. Enfin il faut réserver une mention toute spéciale aux deux portes du château de Maisons, qui ferment, au Louvre, la galerie d'Apollon et la salle des Antiquités romaines. Confectionnées par un serrurier inconnu, d'après les dessins de J. Marot, elles resteront comme l'éternel honneur de la serrurerie française au XVIIe siècle.

1. Guérard a donné une gravure de cette grille, qui fut mise en place en 1709.

V

LA SERRURERIE AU XVIIIᵉ ET AU XIXᵉ SIÈCLE

Si la serrurerie d'art prit brusquement, sous Louis XIV, une importance que ni le Moyen Age ni la Renaissance n'avaient soupçonnée, cette importance toutefois n'approche pas de l'épanouissement merveilleux auquel nous assistons sous la Régence et sous le règne de Louis XV. Admirablement servie par le style contourné, à la fois souple et rocailleux, alors à la mode, et qu'on pourrait croire spécialement conçu pour bien faire apprécier les rares qualités du métal qu'elle met en œuvre, elle s'éleva à des hauteurs qui n'ont point été dépassées depuis, et l'on peut dire sans hésitation que le XVIIIᵉ siècle, en sa première moitié, au moins, fut l'âge d'or de la serrurerie. Il suffit, en effet, de feuilleter les albums de Louis Fordrin[1], étonnamment prodigues en motifs d'une richesse et d'une légèreté si caractéristiques, d'une rare élégance et d'une surprenante variété d'invention, ou mieux encore de contempler les grilles incomparables dont l'illustre Lamour encadra la place Stanislas à Nancy, pour être ébloui par la majestueuse beauté des œuvres de ce temps. Avec ces maîtres admirables, l'art du serrurier se transforma complètement. Les grands ouvrages du fer cessèrent d'être de purs travaux de défense plus ou moins ornés, pour devenir la décoration principale de places publiques, de palais, d'avenues.

Lorsque l'on étudie avec le soin qu'elles méritent celles de ces œuvres auxquelles le vandalisme des hommes et les injures du temps ont permis d'arriver jusqu'à nous, on est en quelque sorte contraint, par les beautés qu'on y décou-

---

1. Voir *Nouveau Livre de serrurerie inventé et composé par Louis Fordrin, serrurier ordinaire du roy et de sa monnoye* (à Paris, vers 1725).

vre, de partager l'enthousiasme que Lamour professait pour son art. « La serrurerie, écrivait-il[1], embellit l'Utile. Elle a des parties pleines d'agrément, de délicatesse et de majesté. Elle est susceptible de toutes les formes. Elle a, quand elle le veut, l'énergie de la peinture et de la sculpture, la hardiesse de l'architecture, et toujours la solidité. Tout ce qui sort de ses mains devient monument. » C'est bien là, en effet, résumée en ses traits essentiels, l'impression que l'on ressent à contempler les ouvrages du grand artiste nancéen, et l'on trouve que Mercier ne faisait que rendre justice aux forgerons de son temps, quand il s'écriait[2] : « Un serrurier est devenu parmi nous un artiste. L'art a travaillé le fer pour l'unir à l'architecture, et le fer est devenu aussi souple que le bois ; on le tourne à volonté ; on lui imprime la forme de feuillages légers et mobiles ; on lui ôte sa rudesse pour lui donner une sorte de vie. »

Hâtons-nous d'ajouter que les serruriers ne furent pas seuls à comprendre l'admirable parti qu'on pouvait tirer des travaux de la forge. Plus encore qu'au siècle précédent, on vit les plus féconds artistes, les sculpteurs les plus renommés, les architectes les plus illustres, prêter aux artisans du fer, pour l'exécution de ces grands ouvrages, un concours qui les aida singulièrement dans l'enfantement de leurs chefs-d'œuvre. Meissonnier et Oppenord furent des premiers à deviner les effets surprenants qui pouvaient naître de cette collaboration féconde. A leur exemple, Slodtz, dessinateur du cabinet du roi et statuaire, fournit au serrurier parisien Pérès le modèle de l'admirable grille de clôture destinée à l'entrée du chœur de la cathédrale de Bourges. Ce fut également Slodtz qui dessina pour Veyrens, dit Vivarais, serrurier à Corbie, les modèles des grilles fermant le chœur de la cathédrale d'Amiens.

---

1. Voir son *Préliminaire apologétique*.
2. Voir *Tableau de Paris*, t. IX, p. 19.

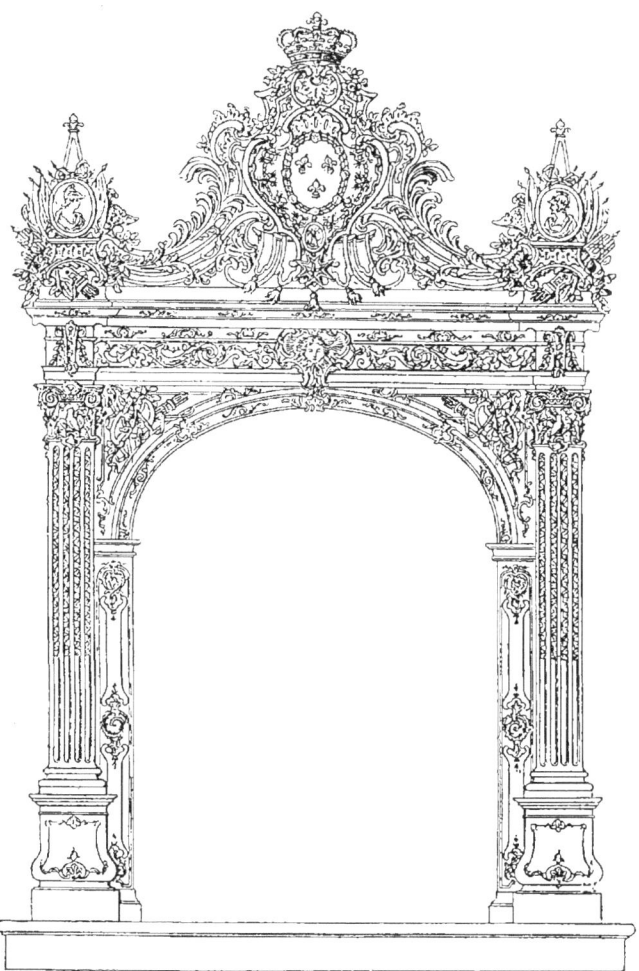

Fig. 117. — Grille centrale de la place Royale, à Nancy, exécutée par Lamour. (1753.)

On doit à un autre sculpteur, P.-E. Babel, tout un livre de modèles de serrurerie[1]. Quant à François de Cuvilliès, à qui ses nombreux travaux avaient valu le titre de « conseiller et architecte de S. M. I. », il composa lui aussi des cahiers de modèles admirables[2], auprès desquels ceux de Jean Marot, si célèbres au siècle précédent, paraissent d'une invraisemblable lourdeur.

A la suite de ces grands maîtres gravite toute une pléiade de serruriers et de dessinateurs spéciaux, dont les noms sont à retenir. Des grilles superbes offertes par le cardinal d'Estrées à Saint-Germain des Prés, et dont le dessin était d'Oppenord, il convient de rapprocher celle qui fermait l'entrée du chœur de Saint-Roch, ouvrage du serrurier Doré, à propos duquel Dargenville, juge très compétent en ces matières, écrivait : « Il n'y a rien de pareil en ce genre, tant le fer et le cuivre y sont joints artistement[3]. » Il faut citer aussi dans cette même église l'appui de communion et la rampe de la chaire, exécutée d'après les dessins de Challe, et dont notre auteur vantait les « ornemens de bronze doré et d'acier bruni, dont le fini est porté au plus haut point de perfection ». Il faut également mentionner, parmi les œuvres capitales de ce siècle, l'admirable clôture du chœur de Saint-Germain-l'Auxerrois, chef-d'œuvre de Pierre Deumier, serrurier de la ville de Paris; la rampe fameuse du Palais-Royal, ouvrage de Courbin; les grilles, rampes et balcons de l'École militaire, sortis des ateliers de Fayet; enfin cent autres beaux ouvrages demeurés anonymes, tels que les grilles de la cathédrale de Sens, si fâcheusement déplacées, et la porte qui ferme, à l'église Saint-Gervais, une des chapelles du chœur.

---

1. Voir *Premier Livre de nouveaux dessins de serrurerie, inventé et gravé par Babel*; à Paris, chez Aveline.
2. Voir le *Livre de serrurerie nouvellement inventé par François de Cuvilliès, conseiller et architecte de S. M. I.*
3. *Voyage pittoresque de Paris*, p. 122.

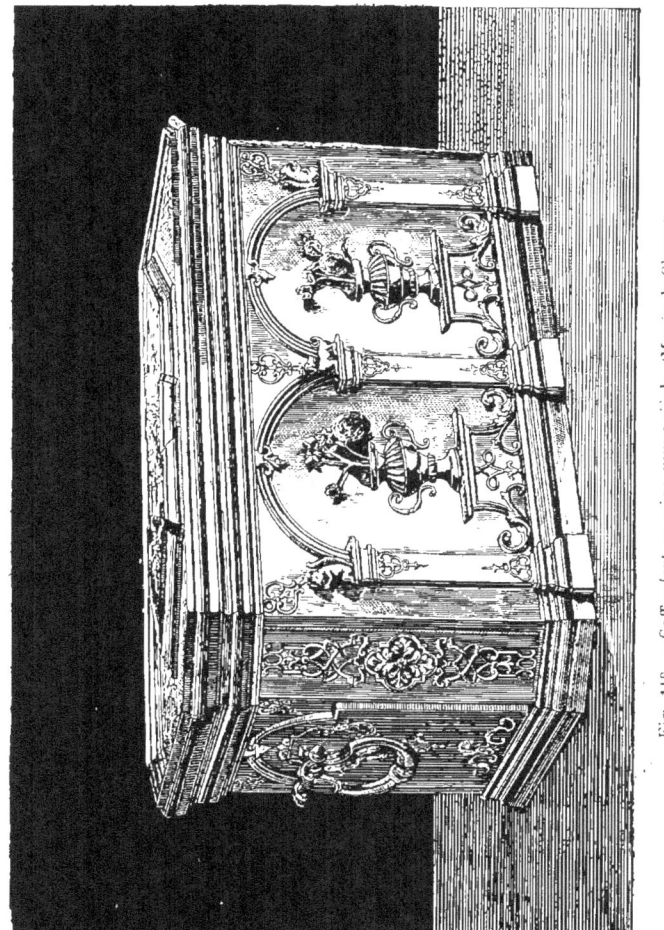

Fig. 118. — Coffre-fort en acier, XVIIIe siècle. (Musée de Cluny.)

Dans une note plus modeste, les modèles remarquables, non plus, ne manquaient pas aux bons ouvriers. On en possède des suites extrêmement intéressantes publiées par les éditeurs Nicolas, Guérard[1] et Crépy, par les serruriers G. Vallée[2] et Fontaine[3]. A défaut de modèles consacrés par la gravure, de simples serruriers de campagne exécutaient des ouvrages qui font encore aujourd'hui notre admiration. C'est ainsi que Franque forgea dans son atelier de Courbevoie la belle grille qui fermait la maison de M. d'Argenson à Neuilly; et qu'un modeste serrurier d'Arnouville près de Gonesse, Nesle, confectionna, vers 1760, celle du château d'Arnouville, jugée de nos jours si remarquable, que Mme de Rothschild n'hésita pas à l'acquérir pour la faire transporter aux Vaux-de-Cernay. Faut-il ajouter que cette émulation, cet entraînement à bien faire, trouvaient en partie leur explication et leur cause dans la façon à la fois judicieuse et bienveillante dont les travaux du serrurier étaient alors appréciés?

A aucune époque, en effet, la haute société ne prodigua à ces vaillants artistes des encouragements plus chaleureux et plus éclairés. Lamour, dont on ne saurait trop vanter le talent et admirer les ouvrages, n'hésite pas à faire remonter au roi de Pologne le mérite non seulement de ses ferronneries sans rivales qui décorent la place Stanislas, mais des rampes, balcons et grilles qui ornent le palais du roi, l'hôtel de ville, l'église primatiale de Nancy et les résidences royales de Commercy et de Lunéville. Dans le frontispice de son magnifique ouvrage, que nous reproduisons en tête de

---

1. Voir *Diverses Pièces de serrurerie pour portes cochères, portes bourgeoises, fermetures d'église* ; chez Nicolas Guérard. Paris. 1713.
2. Voir *Divers Livres de serrurerie et d'ornements faits par G. Vallée. maître serrurier à Paris, gravés par son fils*, etc. ; à Paris, chez ledit Vallée, rue Bordet.
3. Voir *Nouveau Livre d'études et principes de serrurerie dédié aux compagnons et apprentifs de la profession par Jacques Valentin Fontaine, serrurier du roy à la manufacture royale des Gobelins*.

notre première partie, il nous montre ce prince visitant ses ateliers et suivant avec un intérêt marqué les travaux qu'on y exécute. On sait la bienveillance encore plus caractéristique dont Louis XVI fit montre vis-à-vis de ce bel art. Ce roi fut-il, comme on l'a prétendu, un serrurier d'une habileté remarquable? Le fait n'est rien moins que prouvé, et les dénonciations tardives du serrurier Gamain, l'accusant d'avoir fabriqué lui-même la fameuse armoire de fer

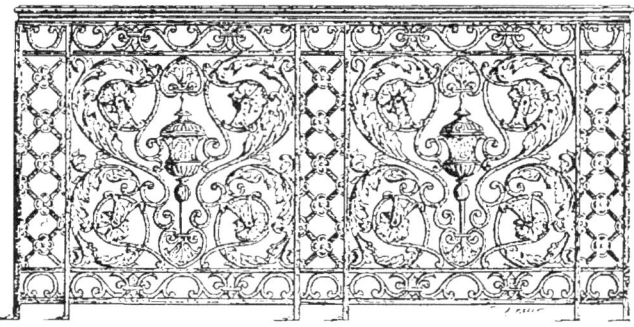

Fig. 119. — Appui de communion de l'église Saint-Roch, exécuté par Doré.

des Tuileries, ne sont pas parvenues à édifier les esprits scrupuleux sur ce point délicat. Est-ce à lui qu'on est redevable du supplément à l'*Art du serrurier,* traduit du hollandais de Joseph Botterman et publié par Feutry en 1789? Cela semble assez peu probable. Il n'est guère mieux établi que les pièces singulièrement parfaites dont on lui attribue la paternité soient vraiment de lui; mais ses relations professionnelles avec Gamain sont authentiquement constatées par les *Mémoires* mêmes du temps[1], et en plusieurs circonstances les serruriers parisiens traitèrent le monarque en royal confrère[2]. Ajoutons que ce n'étaient pas seu-

---

1. *Mémoires secrets*, t. X, p. 82. — *Mémoires de Mme Campan*, p. 114.
2. *Mémoires secrets*, t. XVIII, p. 103 et 138.

lement les princes et les rois qui montraient cette condescendance flatteuse pour l'art qui nous occupe. Le clergé, la noblesse, la bourgeoisie, lui témoignaient des sentiments aussi favorables.

La plupart des grands travaux de serrurerie exécutés dans la seconde moitié du xviiie siècle furent, avant leur achèvement complet, l'objet d'expositions publiques auxquelles les amateurs se rendaient en foule. En 1760, le serrurier parisien Pérès, avant d'expédier à Bourges les grilles qu'il destinait à la cathédrale, dut les exposer dans son atelier de la rue Sainte-Croix-de-la-Bretonnerie. L'année suivante, Doré obtint du clergé de Saint-Roch la permission de faire juger par les connaisseurs la grille qu'il venait de poser dans cette église, et le *Mercure,* organe attitré des gens de goût, dans son numéro de janvier 1761, comble de louanges méritées et l'œuvre et son auteur. En 1763, Veyrens, dit Vivarais, serrurier à Corbie, acheva, pour le principal autel de l'abbaye de Valoire, un palmier de vingt et un pieds de hauteur, qu'il dut, avant sa livraison, porter à Amiens, où il demeura exposé pendant plusieurs jours à l'admiration du public. Six ans plus tard, le serrurier Gérard, demeurant à Paris, rue Bordet, ayant exécuté pour l'église Sainte-Geneviève un dais tout en fer, d'une légèreté et d'une richesse exceptionnelles, prit le parti de le montrer chez lui trois jours par semaine, en faisant payer trois livres pour le voir[1]. Tous ces faits peu connus prouvent assez de quelle curiosité les nombreux amateurs de ces sortes d'ouvrages étaient alors animés. Un dernier trait nous apprendra de quelle générosité ils étaient capables. L'auteur des *Mémoires secrets* dits de Bachaumont, rapporte que les chanoines de Saint-Germain-l'Auxerrois furent si ravis de la clôture du chœur, livrée et

---

1. *Annonces, Affiches et Avis divers* du 6 juin 1770. — *Almanach Dauphin,* à l'année 1777.

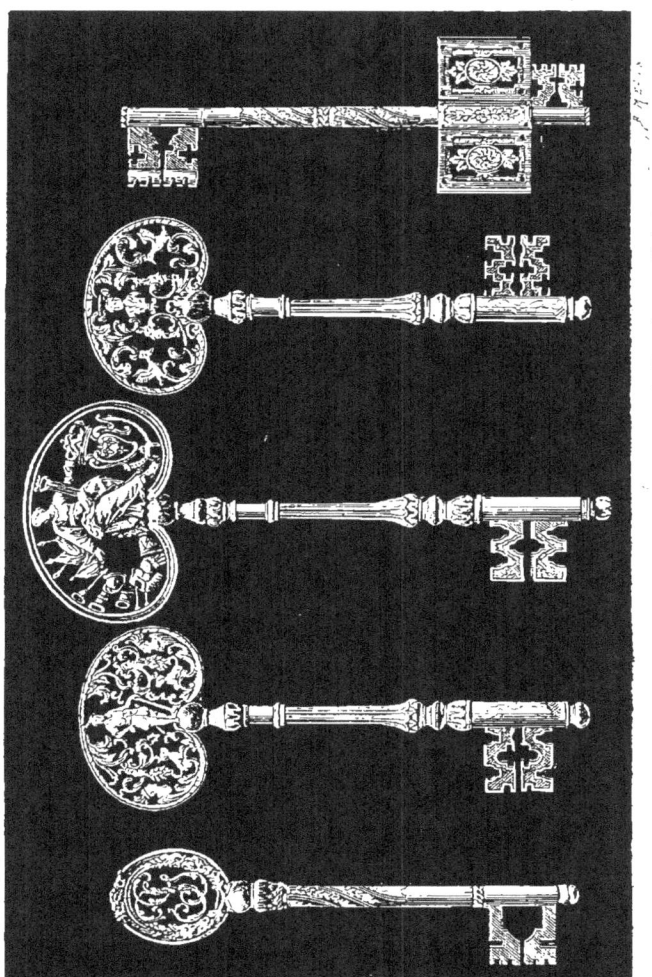

Fig. 120 à 124. — Clefs prises dans la masse et ciselées. (XVIIIe siècle.)

mise en place par Deumier, que, « dans leur enthousiasme et par acclamation unanime », ils accordèrent à cet habile serrurier une gratification de 12,000 livres, qui vint s'ajouter aux 38,000, montant du prix convenu[1]. Enfin il convient de remarquer qu'en dehors des monuments publics et des palais, des églises et des châteaux, de nombreuses occasions étaient offertes aux serruriers de montrer leur talent et leur goût. Rampes d'escalier, appuis, balcons, furent prodigués à cette époque, et il n'est pas jusqu'aux fermetures de boutiques qui ne leur fournirent le moyen de prouver leur ingéniosité. On peut voir encore au n° 34 du quai de l'Hôtel-de-Ville, au 123 de la rue Montmartre, rue de Verneuil, n° 64, et rue de Grenelle, en face de la rue de la Chaise, plusieurs de ces devantures grillées, qui nous édifient sur l'importance et l'élégance qu'avaient revêtues, à cette époque, les travaux les plus ordinaires du serrurier.

Après cela, on est amené à se demander comment ce bel art, si fêté, si choyé, si fécond en chefs-d'œuvre superbes, entra si rapidement en décadence, que cinquante ans plus tard il n'existait pour ainsi dire plus.

Le premier coup, il est vrai, lui fut porté par le brusque changement que subit le goût général. Autant l'adorable fantaisie du style rocaille lui avait été favorable, autant le retour vers la tradition classique, qui marque les dernières années du règne de Louis XV, lui fut fatal. Aux gracieuses envolées de ces grilles, auxquelles le fer assoupli prête à la fois sa force et son apparente légèreté, succédèrent des formes bien carrées, bien assises, bien régulières, dont les proportions solides et trapues contrastent avec la maigreur de la matière employée. Ce n'est pas que les serruriers de goût et de savoir fissent alors défaut. Citer les noms de Destriches, d'Olivier, de Roche, de Puzin, de Faure, de

---

1. *Mémoires secrets*, t. III, p. 795.

Marguerite, de Durand, de Jean-Baptiste Buirette, de Contou, de Bigonnet, de Chopitel, etc., c'est assez établir que les artistes de cette époque n'étaient pas inférieurs à leurs devanciers. Ce fait que le roi de Portugal demanda à Destriches les grilles de son palais prouve suffisamment la réputation dont nos forgerons jouissaient dans l'Europe entière. Contou, en exécutant la célèbre coupole de la halle au blé, montra que la serrurerie était alors capable de résoudre les plus vastes problèmes; mais il suffit de jeter les yeux sur les planches que nous ont laissées Deneufforge et Desbœufs de Saint-Laurent, de contempler la porte monumentale de Paris à Reims, ou celle qui ferme à Tours la cour de la Préfecture, pour reconnaître combien le style classique convient mal à ce bel art. Il ne fallut rien moins que le génie de Bigonnet pour faire de la grille du Palais de Justice la merveille que tout le monde admire.

Ce qui fut plus fatal encore à la serrurerie que ce trop rapide changement de style, ce fut la crise à la fois glorieuse et terrible que la France traversa avec la Révolution. Par ce temps de bouleversements et de guerres, les grands travaux cessèrent brusquement. Plus de palais, plus de châteaux, plus de logis somptueux à décorer, et surtout plus d'églises. L'indispensable fut seul demandé, et la main-d'œuvre se perdit en même temps que le goût acheva de s'égarer. On ne se contenta pas, en effet, de ne plus rien produire; on détruisit ce qui existait. Pour en reprendre le fer, on démonta d'admirables grilles, des portes magnifiques, dont on avait, au surplus, cessé de comprendre les beautés, et cet anéantissement d'un art arrivé à une absolue perfection, ne se manifesta pas seulement dans les vastes ouvrages, mais jusque dans les plus modestes fermetures intérieures.

Déjà, à la fin du XVIIe siècle, dans la serrurerie d'appartement, Domenico Cucci avait fait prévaloir l'emploi des grands verrous, des targettes, des boutons de porte, des poignées d'espagnolettes et des serrures en bronze. La richesse des formes que ce métal prend à la fonte, convenait mieux à la somptuosité débordante du palais du Grand Roi. Au XVIIIe siècle, on continua pour les œuvres de prix de recourir au bronze ciselé et doré, et quand on le remplaça pour les palâtres ornés, ce fut par de la fonte de fer. Si les travaux de relevage prirent dans les grands ouvrages une importance inconnue jusque-là, ils cessèrent d'être usités pour les petites pièces. La main-d'œuvre n'abdiqua rien de sa délicatesse, et pour bien le prouver, les serruriers, comme chefs-d'œuvre de maîtrise, continuèrent d'exécuter de ces serrures dont la boîte ajourée laisse voir un mécanisme repris à la lime, dressé et poli, qui ressemble, tant il est délicat et fini, à un véritable ouvrage d'horlogerie (voir fig. 78). Ils façonnaient également, comme preuve de leur savoir, de ces clefs traditionnelles dont la forme typique avait traversé les siècles, en modifiant son ornementation suivant les temps et les styles (fig. 95). Enfin, pour attester que leur bel art n'avait point dégénéré, ils ciselaient encore de ces serrures à architectures compliquées, à orbevoies et à personnages, comme le Moyen Age en a tant produit. L'œuvre de Lamour et la suite de planches que Billé grava en 1776 pour le livre de Duhamel du Monceau, nous montrent de ces ouvrages pseudo-gothiques[1].

Avec l'aurore du XIXe siècle toute cette habileté disparut. La fonte, pour les gros ouvrages, fut substituée au fer forgé, et dans les fermetures intérieures, la serrurerie d'art céda la place à la quincaillerie. En vain, par quelques honorables tentatives, un certain nombre d'artistes éminents s'efforcèrent-ils de réagir contre ces tendances fatales et de ne pas laisser s'anéantir ce bel art. La grille en fer poli et doré qui entoure le chœur de Notre-Dame,

---

1. Voir à la suite de l'*Art du serrurier* la planche XIV.

exécutée en 1809 par le serrurier Vavin et le ciseleur Forestier, sur les dessins de Percier et Fontaine, est de ce nombre. Mais ces tentatives furent tout exceptionnelles, et, spectacle inattendu, on vit la majeure partie des architectes témoigner un réel mépris pour cet art essentiellement français[1]. Les choses en arrivèrent à ce point que les rapporteurs de nos expositions internationales se virent

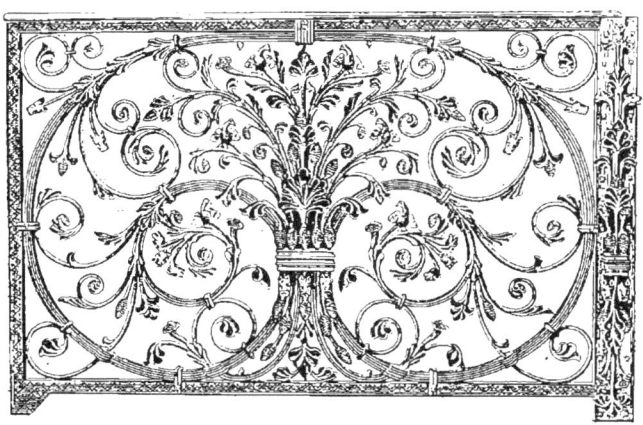

Fig. 125. — Appui de communion de la cathédrale de Verdun, exécuté par M. A. G. Moreau.

obligés de reconnaître qu'on ne trouvait plus dans nos grandes villes de forgerons que chez les maréchaux ferrants.

Heureusement un pareil état de choses ne pouvait être de longue durée, et le génie français, revenant à ses généreuses traditions, ne tarda pas à restituer à la serrurerie la place à laquelle elle a droit dans nos *Arts de l'Ameublement*. Ce fut la nécessité de refaire en partie les belles pentures de Notre-Dame de Paris qui provoqua cette renaissance. M. Boulanger, que Viollet-le-Duc chargea de ce

---

1. Voir notamment *Modèles de serrurerie choisis parmi ce que Paris offre de plus remarquable*, etc. (Paris, Bance aîné, 1826.)

délicat travail, était un artiste de talent, amoureux de sa profession. Non seulement il se tira à son honneur de ce difficile ouvrage, mais une fois qu'il eut formé de nouveau des ouvriers capables, il s'efforça de reprendre les traditions glorieuses si malheureusement oubliées. Sur ses traces, des serruriers de premier mérite, M. A.-G. Moreau et après lui ses deux fils, MM. Roy, Favier, Bergotte et Davillier, Augoyat et quelques autres, sont parvenus, par la perfection de leurs ouvrages, à bien prouver que nos serruriers d'art contemporains sont les dignes émules de leurs glorieux prédécesseurs du XVIIe et du XVIIIe siècle.

Ajoutons encore que chez tous les artisans qui exercent cette noble profession, même chez les plus humbles, il est une tradition précieuse qui s'est pieusement conservée. Nous voulons parler de cette honnêteté en quelque sorte proverbiale qui est la sauvegarde de la Société. « La probité du serrurier, écrivait Lamour, devient le premier caractère de son art. Dans les autres elle est toujours une vertu, parce qu'ils sont exercés par des hommes, mais dès l'origine de celui-ci elle a été de son essence. » On tremble, en effet, à la pensée que les serruriers pourraient être malhonnêtes. C'en serait fait de nos secrets, de nos fortunes ; aucune sécurité n'existerait plus. À toutes les époques, au surplus, les serruriers ont tiré un légitime orgueil de cette probité professionnelle. Jadis sur leurs armoiries corporatives ils avaient arboré cette fière devise : SECURITAS PUBLICA [1], et pour symboliser leur fidélité en quelque sorte obligatoire, ils firent de tout temps figurer le chien parmi les emblèmes caractéristiques de leur métier. C'est ainsi que dans ce beau couronnement de grille que nous reproduisons fig. 98, et que Lamour composa pour lui-même, au milieu des attributs de la serrurerie nous remarquons trois chiens qu'accompagnent ces deux devises : « Je

---

1. Voir leur jeton au commencement de cette notice historique.

LA SERRURERIE   171

raporte fidèlement ce que je découvre; » et « Securitas omnium. » On peut voir encore à Versailles, impasse des Écuries, un balcon qui servit d'enseigne à un serrurier et qui associe aux lettres A. O. des figures de chiens et des clefs. Enfin, la collection Lesecq des Tourelles possède une enseigne du même genre, montrant un lion gardant un coffre-fort dont une levrette tient la clef; et dans celle de MM. Moreau frères on en connaît une autre, faite de deux levrettes tenant des clefs attachées par un ruban.

Aujourd'hui les serruriers, bien qu'ils soient demeurés fidèles à ces traditions de probité et d'honneur, ont renoncé à leurs armes parlantes; mais il y aurait ingratitude à ne pas proclamer bien haut la dette de reconnaissance que la Société tout entière a contractée à l'égard de ces grands artistes et même de ces modestes ouvriers, qui ont fait d'une des vertus les plus rares la base essentielle de la profession qu'ils exercent.

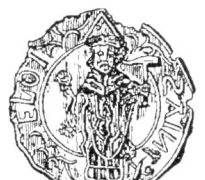

Fig. 126. — Méreau en plomb de la corporation des serruriers.
(XVIᵉ siècle.)

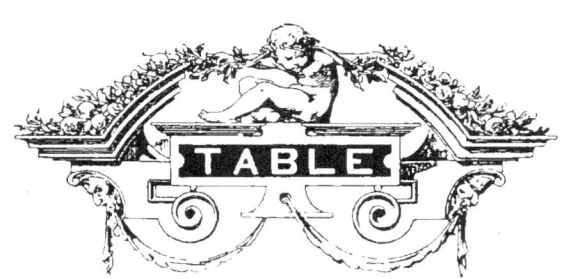

PREMIÈRE PARTIE

I.	— Définition de la Serrurerie. — But et productions de cet art.	3
II.	— Opérations préliminaires. — La préparation du minerai. — Le haut fourneau. — La coulée. — La gueuse. — Les différentes sortes de fontes. — La fonte malléable.	9
III.	— Du fer proprement dit et des diverses façons dont on le travaille	15
IV.	— Du travail de la forge	19
V.	— La soudure et la brasure	25
VI.	— L'étampage	29
VII.	— Manière dont on exécute les diverses sortes d'enroulements, volutes, arcades et anses de panier	36
VIII.	— Des principales sortes de grilles et des caractères qui les distinguent	42
IX.	— Les grilles ordinaires	48
X.	— Des conditions de solidité que doivent remplir les grilles extérieures et de divers modes d'assemblage usités dans leur construction	56
XI.	— Des portes à panneaux et des grilles intérieures	69
XII.	— Des rampes d'escalier	78
XIII.	— Des ornements en tôle repoussée et du relevage	87
XIV.	— Des fermetures intérieures	97
XV.	— La prise dans la masse	106

DEUXIÈME PARTIE

I.	— Les premiers temps...........................	117
II.	— Le Moyen Age. — Les grandes clôtures.............	124
III.	— Le Moyen Age. — Les fermetures intérieures.........	132
IV.	— La Renaissance et le XVIIe siècle...................	147
V.	— La Serrurerie au XVIIIe et au XIXe siècle	157

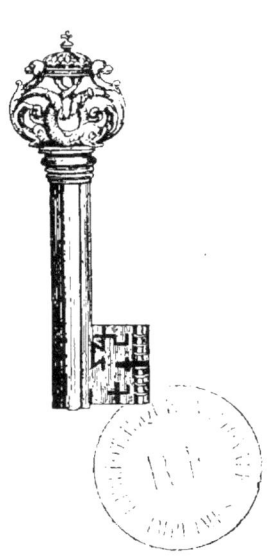

IMPRIMÉ
POUR M. CH. DELAGRAVE
PAR LA
SOCIÉTÉ ANONYME D'IMPRIMERIE DE VILLEFRANCHE-DE-ROUERGUE
JULES BARDOUX, DIRECTEUR

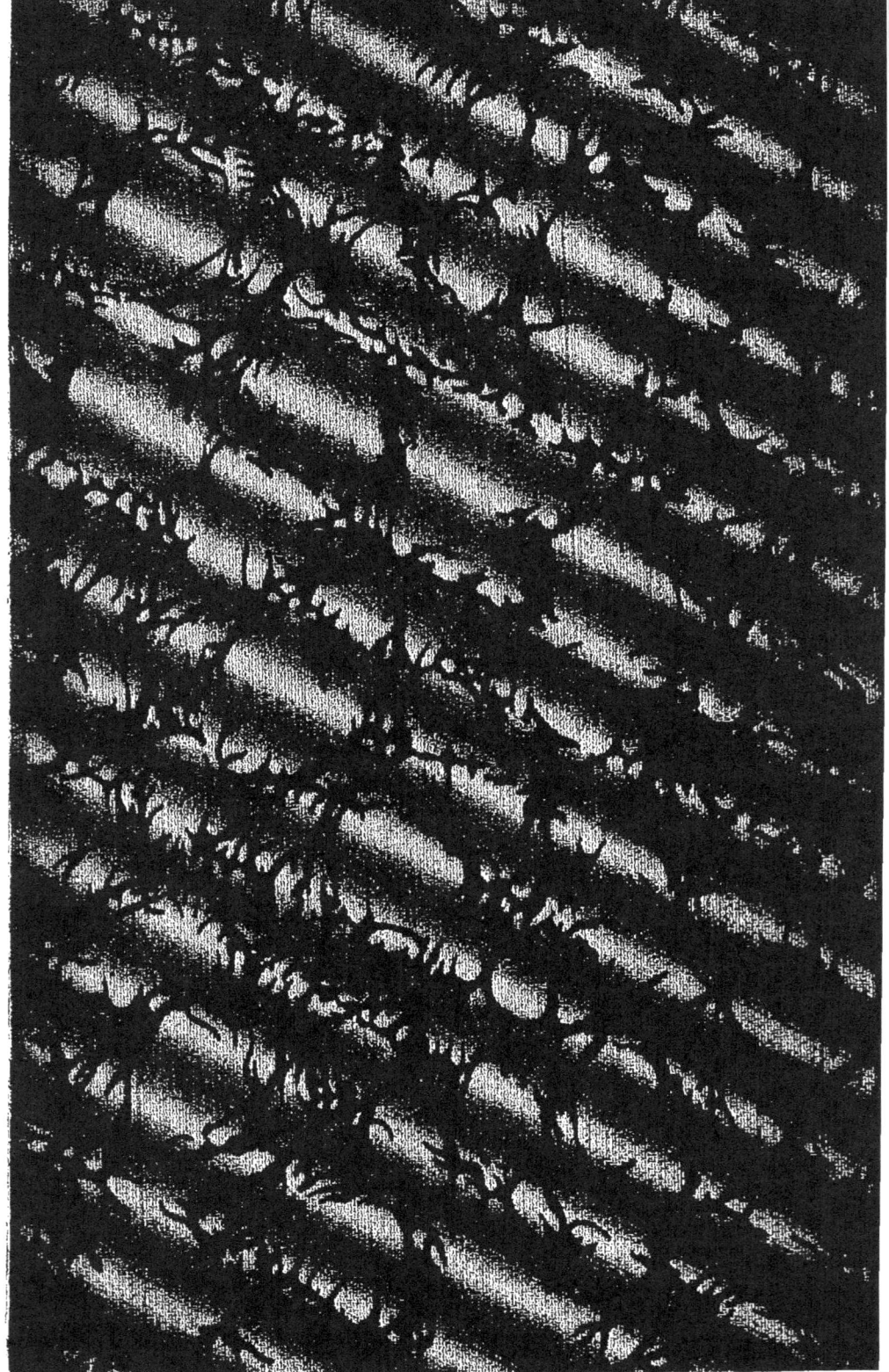

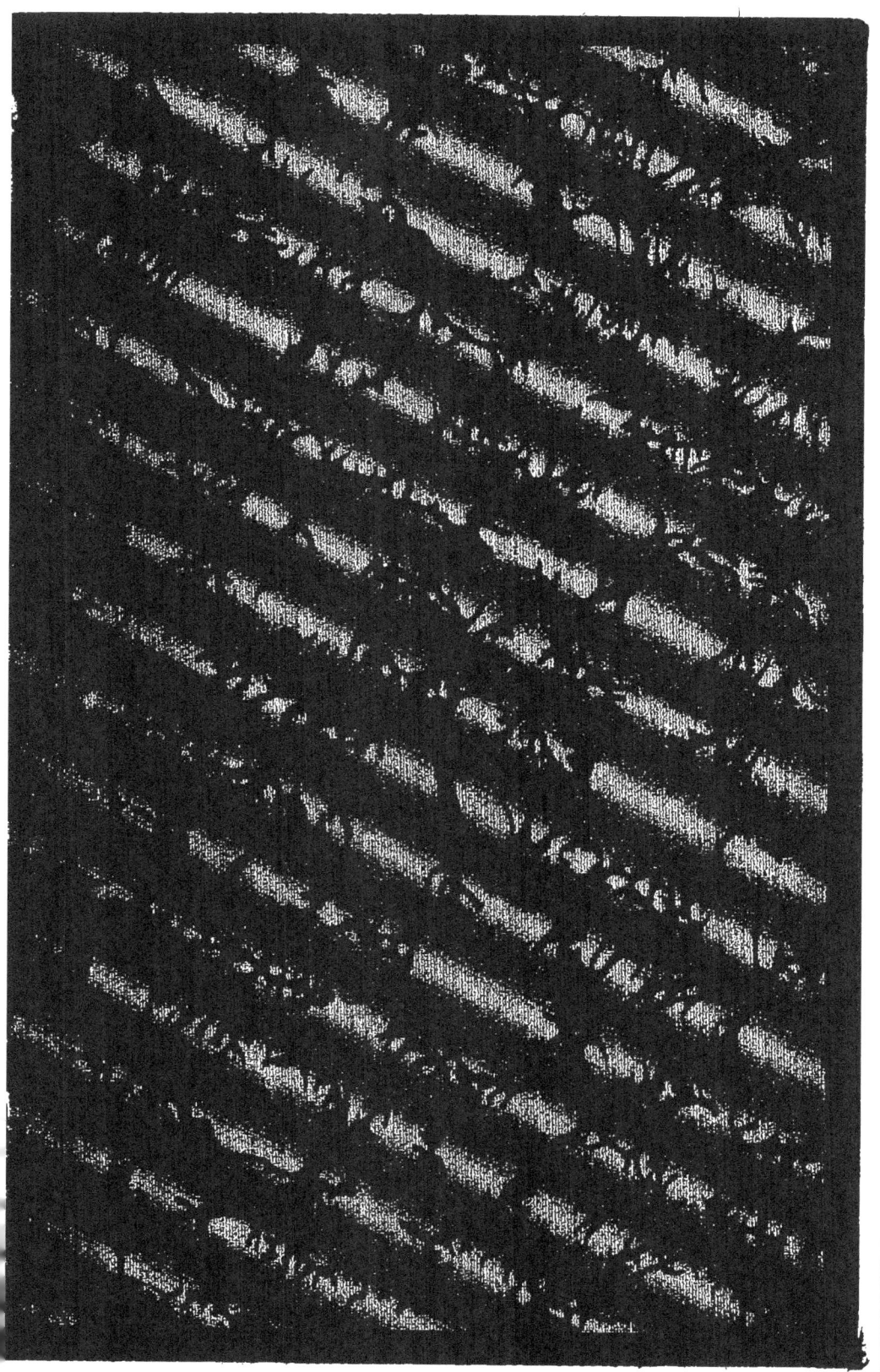

www.ingramcontent.com/pod-product-compliance
Lightning Source LLC
Chambersburg PA
CBHW071159240526
45470CB00017B/350